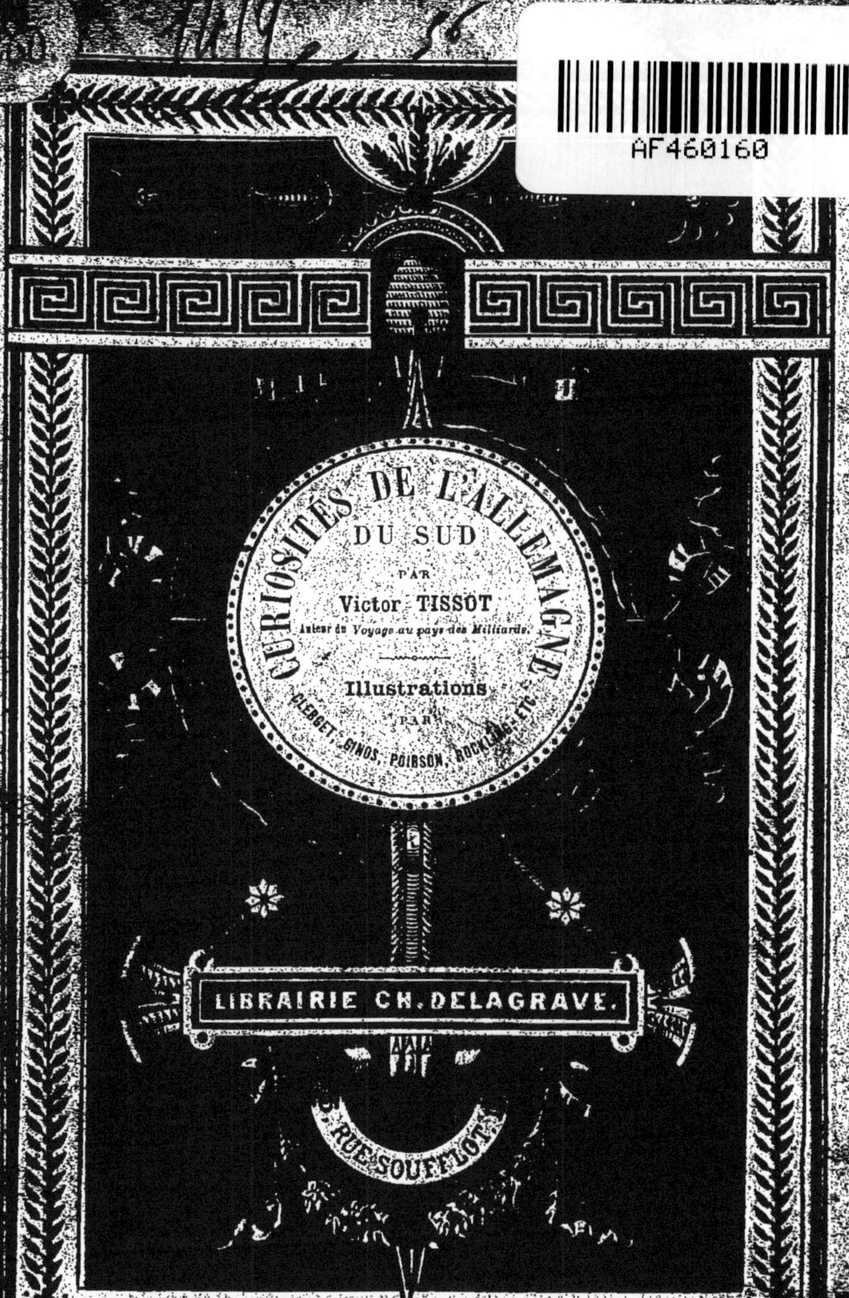
CURIOSITÉS DE L'ALLEMAGNE
DU SUD
PAR
Victor TISSOT
Auteur du Voyage au pays des Milliards.
Illustrations
PAR
CLERGET, GINOS, POIRSON, ROCKLING, ETC.
LIBRAIRIE CH. DELAGRAVE.
RUE SOUFFLOT

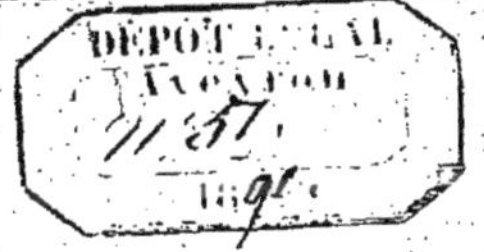

LES CURIOSITÉS

DE

L'ALLEMAGNE DU SUD

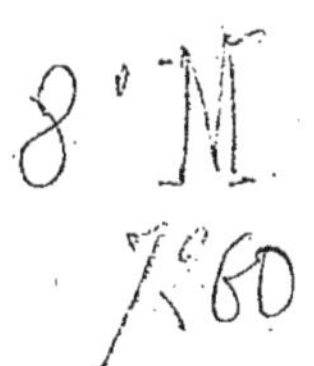

SOCIÉTÉ ANONYME D'IMPRIMERIE DE VILLEFRANCHE-DE-ROUERGUE
Jules BARDOUX, Directeur.

LES CURIOSITÉS
DE
L'ALLEMAGNE
DU SUD

PAR

VICTOR TISSOT

TROISIÈME ÉDITION

PARIS
LIBRAIRIE CH. DELAGRAVE
15, RUE SOUFFLOT, 15

Un lansquenet.

LES CURIOSITÉS
DE
L'ALLEMAGNE DU SUD

I

LA WESTPHALIE. — ESSEN ET L'USINE KRUPP

La Westphalie, qu'on traverse en descendant de Brême[1] à Essen, est une province encore peu connue, quoiqu'elle offre une foule de particularités curieuses. Tout y semble à l'état primitif ; et, n'était la résistance opiniâtre que ce petit pays oppose depuis trois ans aux lois du nouvel empire, on dirait qu'il s'est paisiblement endormi dans le passé.

A Berlin, la Westphalie est appelée « la Vendée allemande ». Les Westphaliens se montrent fiers d'un pareil titre ; ils sont restés fidèles à leurs anciens usages, à leurs vieilles traditions, à leurs mœurs patriarcales. Les Romains ont su ce qu'il en coûtait d'avoir voulu les courber sous leur domination.

1. Voir la description de cette ville dans *les Curiosités de l'Allemagne du Nord.*

L'histoire ne cite pas de peuplade germanique qui ait résisté avec plus d'énergie.

Les jeunes gens prêtaient un serment de bravoure ; ils s'engageaient à ne se couper la chevelure et la barbe que lorsqu'ils auraient tué un ennemi. Les plus valeureux d'entre les guerriers se condamnaient volontairement à porter des chaînes, des anneaux de fer, et ne se débarrassaient de ces signes infamants qu'après avoir cloué aux arbres des têtes romaines.

Ils se plaçaient au premier rang, vêtus de peaux de bêtes, et donnaient le signal du combat en poussant des cris de fauves.

Quand Varus, à la tête de ses légions, arriva sur les bords du Weser pour punir la province insurgée, les Germains se retirèrent dans les défilés de leurs montagnes, et le laissèrent péniblement s'avancer au milieu des obstacles que la nature opposait à sa marche.

Les soldats romains, harassés de fatigue, étaient arrivés un soir au fond d'une vallée. Ils se disposaient au repos, quand tout à coup de grandes masses noires sortirent des forêts voisines et fondirent sur eux.

Varus abandonna ses chariots et se réfugia sur un plateau élevé.

Lorsqu'il voulut poursuivre sa retraite, une tempête affreuse éclata : l'ouragan déracinait les arbres, et ceux-ci écrasaient dans leur chute les cavaliers et les fantassins, obligés d'avancer en colonne serrée.

De tout côté des renforts arrivaient aux Germains.

Au bout du quatrième jour, Varus se vit cerné ; pour ne pas se rendre, il se passa l'épée au travers du corps.

L'armée romaine fut entièrement détruite, les officiers immolés aux idoles, et les soldats qui avaient survécu au carnage furent pendus.

On envoya à Rome la tête de Varus comme un trophée dérisoire.

La vengeance des soldats allemands fut surtout cruelle à l'égard des avocats romains : ils leur crevèrent les yeux ; à quelques-uns ils arrachèrent la langue et leur cousirent la bouche.

« Maintenant, serpent, tu vas cesser de siffler ! » s'écriaient-ils.

Six ans plus tard, Germanicus, apparaissant en cet endroit, trouva encore le sol blanchi d'ossements romains.

A cette époque reculée, le service obligatoire était déjà la base du système militaire des Westphales. Les familles et les communes formaient les compagnies, les *Markgenossenchaften,* les centuries formaient les bataillons, et les cantons les régiments. Tacite, parlant de ce système, dit qu'il était avantageux, qu'il excitait l'émulation des combattants, qu'enflammait d'ardeur la présence de leurs parents, de leurs femmes et de leurs enfants, dont ils entendaient les applaudissements et les cris. Sur le champ de bataille même, ils pouvaient faire panser leurs blessures par leur mère ou par leur femme, qui les réconfortait avec de la nourriture et les encourageait à recommencer la lutte. Souvent, dans le plus grand danger, les femmes se précipitaient au milieu des combattants, et contribuaient par leurs exhortations et leur exemple à décider de la victoire.

Au moyen âge, la Westphalie fut le berceau de la noblesse allemande.

Pendant la guerre de Trente ans on sait le rôle considérable que joua ce pays.

Le traité auquel il a laissé son nom mit fin à ces longues années de luttes et de discordes civiles.

En 1806, la Westphalie s'insurgea contre Napoléon. Les garnisons françaises furent chassées de Hersfeld, de Smalkalde, de Marbourg.

Quand l'Empereur entra dans Halle, les étudiants le sifflèrent. Napoléon écrivit à Berthier :

« Faites donner des ordres pour que l'université de Halle soit fermée, et que sous vingt-quatre heures les *écoliers* soient partis pour leurs demeures. S'il s'en trouve demain en ville, ils seront mis en prison pour prévenir le résultat du mauvais esprit inculqué à cette jeunesse. »

La conspiration ourdit sa trame dans le palais même du roi Jérôme, et le premier cri de la guerre de délivrance partit de la Westphalie.

Malgré la constitution westphalienne qui bouleversa le pays, il n'est pas de province où les vieilles institutions impériales allemandes se soient mieux gardées. Dans ces contrées un peu à l'écart, l'esprit n'a pas plus changé que le costume. Les hommes portent la longue redingote légendaire, et les femmes ignorent les inventions de la coquetterie et du luxe. Le type a conservé sa beauté et sa pureté. Il n'est pas rare de rencontrer des campagnards de six pieds. Ils ont les yeux bleu foncé et les cheveux blonds, ce qui donne à leur visage une expression à la fois énergique et douce. Le timbre de leur voix est sonore et mâle ; ce sont des hommes, comme dit Gœthe, « d'une seule parole ». Les femmes sont belles et robustes; quand elles sourient, elles montrent une admirable rangée de dents blanches. Du temps où les rois épousaient des bergères, c'est en Westphalie qu'ils auraient pu faire leur choix. Celles qui passent, dans leur corsage noir brodé d'argent, graves et recueillies au milieu de la foule, ont un port de reine.

Si des habitants nous passons aux habitations, nous trouvons que les fermes westphaliennes sont restées à peu près ce qu'elles étaient à l'époque des Romains. Recouvertes de bardeaux, elles sont entourées d'un jardin et d'une clôture qui forme une espèce de rempart. Elles se composent d'un corps de logis principal (*sala,* d'où est venue *terra salica,* ferme salique), d'une grange, d'un hangar à foin, d'un four et de diverses écuries. La maison de bains dont parle Tacite, et qui faisait jadis partie intégrante de la ferme, n'existe plus ; on y voit, par contre, un étang. C'est encore autour du foyer, dont la fumée s'échappe par les interstices du toit, que les habitants de la maison se rassemblent en hiver. En été, ils prennent leur repas en plein air, dans la cour ou à l'ombre d'une haie.

Le personnel de la ferme se compose d'un vacher, d'un porcher, d'un premier et d'un second valet, d'une première et d'une seconde servante. Les gages se payent en argent et en nature. Le fermier donne ordinairement à ses domestiques un petit coin de terre et du chanvre ou du blé pour l'ensemencer. Les domestiques qui arrivent à mettre de côté de quoi s'acheter une vache ne tardent pas à s'établir. Ceux qui ne peuvent pas louer une terre habitent une maisonnette à côté de la ferme de leur maître et continuent de travailler pour lui.

La disposition des villages et des fermes n'a pas non plus subi de modifications. Les maisons sont séparées par des jardins et des enclos, de sorte que les villages s'étendent sur un long espace. Les fermes s'élèvent sur un monticule, dans le voisinage d'une rivière ou à proximité d'une forêt. Indépendants et fiers, les paysans westphaliens préfèrent vivre maîtres et seuls chez eux plutôt qu'en communauté. Chaque métairie forme un État à part.

On se marie généralement de bonne heure.

Les parents s'entendent entre eux, débattent longuement la dot, et ce n'est que lorsque les négociations préliminaires sont terminées qu'ils en font part à leurs enfants. La dot consiste en une somme d'argent et en un chariot de meubles, y compris le char et les chevaux. Le matin de la noce, les parents, les amis et les voisins envoient au jeune ménage des provisions de bouche et un écheveau de lin. C'est avec cet écheveau que la femme tisse ses premiers vêtements de mère de famille.

Tout village westphalien a son cuisinier attitré, chargé de préparer les repas de baptême et de noces, et de divertir ensuite la société en racontant des légendes, en disant des facéties et en chantant de vieilles chansons. Ce Triboulet rustique va pendre solennellement la crémaillère dans la maison des nouveaux époux, et, debout sur le foyer, il prononce un discours humoristique. Si l'auditoire est satisfait, il paye en grosse monnaie. Le cuisinier remplit également les fonctions de croque-mort; et c'est lui qui porte la parole dans les réunions publiques et à la réception des personnages marquants.

Autre trait de mœurs. Les sages-femmes westphaliennes sont astreintes à un usage singulier : après le baptême, les parents du nouveau-né laissent tomber chacun une pièce d'argent dans un grand verre d'eau-de-vie. La sage-femme n'a le droit de toucher à l'offrande qu'après avoir vidé le verre.

Il y a dix ans, on portait encore à travers les villages, le vendredi saint, un jeune homme attaché à une croix. Quand le crucifié demandait à boire, on lui tendait une éponge humectée d'eau-de-vie.

Si des villages nous passons aux villes, nous remarquons la même ténacité d'attachement aux usages du passé, le même esprit de clocher et de famille.

Dans ces belles maisons paisibles qui vous regardent de leurs grandes fenêtres sculptées, tout respire l'honnêteté, l'ordre, une douce aisance acquise par l'épargne accumulée de plusieurs générations. Ces vieux édifices commandent le respect comme ces vieillards sereins, qui semblent encore jeunes sous leur chevelure blanche.

Munster, le *Monasterium* du moyen âge, capitale de la Westphalie, a conservé une physionomie originale et pittoresque qui enchante l'artiste. Sa cathédrale gothique, son évêché, ses couvents, son hôtel de ville, semblent encore là pour servir de décors aux longues processions et aux joyeuses cavalcades.

De Munster le chemin de fer conduit en quelques heures à Dortmund, dont l'origine remonte au dixième siècle, mais qui a perdu beaucoup de sa physionomie de ville ancienne depuis qu'on a abattu ses remparts et qu'on a construit des rues de maisons neuves. Dortmund a 50,000 habitants; c'est un centre industriel très riche et très actif. Près de la gare on voit encore les deux ormes au pied desquels siégeait le tribunal secret de la Sainte-Vehme, et la table de pierre sur laquelle l'exécuteur posait son épée nue.

Dortmund n'est qu'à quelques heures d'Essen, ancienne petite ville libre fondée au neuvième siècle. En 1854, Essen ne comptait que 10,000 habitants; aujourd'hui, il y en a plus de 60,000. Essen livre chaque année 17 millions de tonnes de houille à la consommation, et est devenu célèbre dans le monde entier par ses canons, fabriqués dans la vaste usine de M. Krupp.

De quelque côté qu'on tourne ses regards, on n'aperçoit que de lourdes locomotives qui viennent, partent et se croisent; çà et là s'élèvent des collines toutes noires, formées par la houille amoncelée; et puis partout des cheminées, hautes et droites comme des obélisques, montent dans une atmosphère grise, pleine d'un brouillard de suie. A gauche, couvrant un espace de quarante hectares, une agglomération de constructions babyloniennes, des tours énormes comme celles de Nuremberg, et une muraille plus élevée et aussi épaisse qu'un rempart. C'est la sombre résidence du « roi du fer », M. Krupp, le collaborateur de M. de Moltke et le grand pourvoyeur de la Mort.

M. Krupp a si peur qu'on surprenne le secret de sa fabrication, qu'il a entouré ses États d'une véritable muraille de la Chine sur laquelle on lit, partout répétée, cette inscription en trois langues : *Le public est avisé qu'en demandant à voir l'établissement il s'expose à un refus.*

Chaque ouvrier décroche en entrant, d'une immense table noire, un jeton de métal qui porte son numéro. Il remet ce jeton au chef d'atelier, le reprend en sortant le soir, pour le jeter dans une boîte qui a la forme d'une boîte aux lettres, et il le retrouve le lendemain à son ancienne place. De cette façon, nul n'échappe au contrôle.

Les ouvriers de l'usine Krupp sont soumis à une discipline toute militaire. On les divise par escouades qu'un sous-chef commande ; on les réunit aussi sous la conduite d'un seul contremaître, et les ateliers sont autant de camps retranchés où le voisin ignore ce qui se passe chez le voisin. Il n'y a pas d'ouvrier qui ait visité en entier l'usine dans laquelle il travaille.

On m'avait donné une lettre très chaleureuse pour un jeune homme sorti de l'École polytechnique de Zurich, et que le « roi du fer » avait attaché à la section scientifique de son usine.

— A quelle heure pourrai-je voir M. X...? demandai-je au portier.

— A neuf heures.

Il était six heures et demie du matin : je rentrai en ville.

Essen n'est pas une ville jolie. Les façades des maisons sont sales et enfumées, et je ne sais rien de plus triste que les nouveaux boulevards.

En réalité, Essen n'est qu'un quartier de cette immense cité ouvrière qui couvre tout le bassin houiller de Dusseldorf à Dortmund, et qui compte 30,000 habitants par lieue carrée. Avant la guerre, et immédiatement après la rosée des milliards, plus de cent trains de marchandises sillonnaient chaque jour les voies ferrées qui réunissent Dusseldorf, Essen, Elberfeld, Duisbourg, Mulheim, Solingem, Oberhausen; aujourd'hui, après une orgie de production folle et de spéculations insensées, la plupart des fabriques et des établissements manufacturiers de ce grand district ont subi le contre-coup de la crise générale.

Solingen complète Essen : on y fabrique les armes blanches, les casques, les cuirasses. Les meilleures lames de Tolède sortent des ateliers de Solingen; et c'est à Solingen que les pachas commandent leurs superbes cimeterres damasquinés, ornés de pierres précieuses. Si l'usine Krupp fond sans se presser 100 canons par semaine, et en livre au moins 5,200 par an, les ateliers de Solingen fabriquent chaque année 800,000 sabres et baïonnettes. Des commissaires spéciaux sont chargés par le gouvernement impérial d'éprouver la solidité et l'élasticité de chaque lame.

Le portier de l'usine Krupp m'avait dit : « Revenez à neuf heures. »

Je fus ponctuel comme un soldat.

Ma lettre fut transmise par un garçon de service à M. X... ; dix minutes après, il arrivait lui-même, et, me prenant par le bras, il m'introduisit dans la cour.

— J'ai le droit, me dit-il, de vous conduire dans ma section, où vous ne verrez rien ; cependant nous obtiendrons peut-être l'autorisation de monter sur la tour à eau, du sommet de laquelle on embrasse la fabrique entière. C'est tout ce que je puis faire : à vous de bien regarder en passant, car nous allons longer le hall où se font les grandes coulées. Le nombre des creusets est porté aujourd'hui à 1,500, et l'usine fabrique 130 millions de livres d'acier par an. On débite une quantité de fables sur les moyens employés pour obtenir cet acier, dont la dernière guerre a établi la supériorité incontestable. Tout le secret consiste dans le choix des matières premières et le coupage des minerais qui donnent la fonte. M. Krupp a acquis en Espagne les meilleures mines de l'Europe : il en transporte le minerai sur ses propres navires, et les wagons de l'usine le conduisent jusqu'aux fours à puddler. C'est par une décarburation graduelle et méthodique de la fonte, et en la retirant du feu encore chaude pour la soumettre au martelage et au laminage qu'on obtient l'acier. Ces deux opérations en expriment le laitier, et, en rapprochant les molécules, donnent à l'acier une homogénéité qui empêche les éclatements. Notre acier est très pur, il est uni, serré, d'un beau grain, il n'a pas de pailles, et sa force de résistance dépasse celle des aciers de Sheffield et de Bessemer. Quand nous avons obtenu l'acier puddlé, nous ajoutons dans le creuset, pour créer l'acier fondu, des morceaux d'un fer spécial provenant d'un minerai particulier et qui se carbure lui-même ; le fer, si infusible quand il est seul, se fond par conséquent avec l'acier et s'y mêle intimement. Nous avons alors cet acier fondu qui a fait la réputation de M. Krupp et celle de ses canons. Cet acier spécial permet de couler d'une seule pièce les plus gros canons. L'Angleterre, au contraire, fabrique ses pièces monstres

Paysans westphaliens.

en soudant ensemble plusieurs rouleaux ou cylindres de fer forgé ; le système anglais ne connaît pas de limite dans les dimensions, mais il n'offre pas la même solidité.

Nous étions arrivés, en traversant un préau sillonné de rails, encombré d'engins et de débris, plein de barres d'acier et de machines, tout près du hall des grands coulages. Le long des murs s'ouvrent les fours incandescents dans lesquels reposent les creusets. Des cyclopes à demi nus, le corps protégé par un tablier de cuir, constataient, à l'aide de longues tiges de fer, l'état de liquidité du métal. La réverbération est si forte que, même à la distance où nous étions, nous portâmes involontairement la main devant nos yeux.

— Arrêtons-nous un instant et faisons semblant de causer, me dit mon introducteur ; la coulée est prête. Pour qu'elle soit bonne, il faut que le ruisseau d'acier fondu arrive assez chaud et sans arrêt dans le moule, afin qu'il s'y solidifie d'une manière homogène.

Nous entendîmes un coup de sifflet.

— C'est le signal. Regardez.

Je vis tous les ouvriers à leur poste ; ils étaient environ 800. Les uns se tenaient près des fours comme des artilleurs à leur pièce ; les autres, divisés par escouades, étaient armés de pinces.

Nous entendîmes un commandement qui fut répété dans tout le hall, par les contremaîtres.

Aussitôt les fours découverts, l'ouvrier conducteur de la fusion saisit le creuset avec une pince, dont il accroche la tige recourbée à une barre de fer que lui présentent deux ouvriers qui la portent sur leurs épaules. Ceux-ci déposent le creuset à quelques pas derrière eux. D'autres ouvriers, marchant militairement, deux par deux, l'enlèvent, au moyen d'une pince double, et versent le creuset, retenu par sa ceinture de fer, dans un des canaux qui leur est assigné. Le métal brûlant s'écoule vers la cuvette, en passant par le récipient qui en régularise la descente.

Les ouvriers jettent alors leur creuset vide dans les caves, par un entonnoir ; ils trempent dans l'eau leurs instruments et les longues manches de toile avec lesquelles ils se garantissent les mains et les bras ; puis ils vont se remettre en rang, à la file les uns des autres.

Toutes ces manœuvres, qui demandent infiniment de

précautions et surtout de sang-froid, se font avec une précision admirable, au milieu du silence le plus complet. On n'entend que les commandements et les cris d'appel poussés par l'équipe pour avertir les chauffeurs, qui se tiennent dans la galerie souterraine, de découvrir les creusets.

— Dans deux heures, me dit mon guide en me conduisant plus loin, le liquide sera condensé. On attachera le bloc avec des chaînes, on l'enlèvera avec une grue, et la grue, placée sur des rails, l'apportera dans l'atelier spécial où il doit être travaillé. Les lingots qui ne sont pas destinés à être immédiatement martelés sont placés dans le vaste hall que vous voyez là-bas ; on ne les laisse pas entièrement se refroidir, et, pour leur conserver le calorique nécessaire jusqu'au moment de leur emploi, on les couvre avec du frasil, dont la combustion très lente les conserve comme dans une espèce de bain-marie.

— Quelle est la dimension ordinaire des lingots ?

— Elle varie entre 60 et 37,000 kilogrammes... Mais nous voici devant la tour; attendez-moi, je vais parler au gardien.

En ce moment — il était dix heures — je remarquai un grand va-et-vient de gens qui portaient de grands pots de café fumant. C'est la boisson favorite des fondeurs et des forgerons d'Essen, et celle qui les soutient le mieux dans l'atmosphère torride où ils vivent. Ils en boivent trois ou quatre fois par jour, à des heures réglées. Mon introducteur revint et m'annonça du geste que nous pouvions monter.

La tour à eau est une construction octogone de soixante mètres de hauteur ; elle renferme à son sommet un réservoir de cent cinquante tonnes. L'eau, qui est amenée au pied de la tour par des canaux de six kilomètres, provient des grands lacs artificiels formés par l'épuisement des mines de houille. Des pompes à vapeur font monter cette eau dans la tour, et, une fois dans le réservoir, elle est chassée par son propre poids dans toutes les directions de l'usine.

J'ai compté cent quatre-vingts marches jusqu'à la lanterne de la tour. On se croirait au haut d'un phare. L'horizon est brumeux comme celui de la mer; les pentes sombres et boisées des *Fichtengebirge* présentent l'aspect sauvage d'un pays inexploré; la plaine, qui se déroule terne et noire, ressemble au bassin d'un immense lac subitement desséché. A distance, on prendrait les usines, qui fument çà et là, pour des paquebots échoués, et ces longs trains qui se déroulent en ondoyant pour des serpents monstrueux.

Mais l'intérêt n'est pas au loin, il n'est pas même devant vous, il est tout à vos pieds. Vous n'avez qu'à baisser la tête pour embrasser d'un seul coup d'œil cette vaste usine, d'où l'empire allemand est sorti, en 1870, comme d'une caverne infernale. Ce n'est pas au général Werder que Strasbourg s'est rendu, c'est à M. Krupp, et c'est M. Krupp encore, roi du fer et robuste meneur de canons, qui a obligé Paris à capituler. Toutes les victoires prussiennes ont été forgées par ses marteaux, et ses cyclopes ont plus travaillé pour l'unité de l'Allemagne que M. de Bismarck lui-même.

Ce qui frappe avant tout, c'est le chemin de fer de ceinture : il trace comme un cercle magique autour de la cité mystérieuse; il jette de tout côté de grands rayonnements de rails. Et quel tohu-bohu de locomotives, de wagons, de machines qui roulent, qui apparaissent et disparaissent sur ces lignes ferrées, aussi emmêlées que des écheveaux!

— Les bâtiments qui s'étendent du côté de la ville, me dit mon guide, sont les ateliers pour la fabrication des canons. Tournez-vous et écoutez...

— Des coups de canon!... On fait des essais?

— Non; c'est le gros marteau de cinquante mille kilogrammes qui fonctionne. C'est le plus grand du monde; il a coûté deux millions et demi. Celui du Creuzot n'est que de douze mille kilogrammes, et les Anglais n'en ont pas qui dépassent vingt mille. Il est soutenu par trois fondations gigantesques: une en maçonnerie, une en troncs de chêne venant de la forêt de Teutoburg, et une autre en bronze, formée de cylindres solidement reliés entre eux. Il est mis en mouvement par des machines à vapeur et forge des blocs de quatre cents quintaux. Les lingots d'acier que les grues apportent dans leur bec des halls où se font les coulées sont de nouveau chauffés dans un four *ad hoc*, puis jetés sur l'enclume. A un signal du contremaître, le gros marteau descend doucement, comme pour marquer la place où il va frapper; il remonte, et se laisse brusquement tomber; on dirait que la foudre éclate devant vous, et de loin on entend ce bruit que vous avez pris pour celui du canon; les étincelles jaillissent comme un immense feu d'artifice; l'acier est broyé, réduit en pâte; enfin cette masse informe prend peu à peu un corps, elle s'allonge, elle s'arrondit; le marteau la frappe encore, et... il en naît un canon. On couche le nouveau-né dans un berceau de cendres, où il se refroidit graduellement; il ne reste plus qu'à l'inscrire sur le registre de l'état civil de l'usine, à le fourbir et à essayer sa puissance de dévastation.

Nous avions fait le tour de la galerie qui sert de balcon à la lanterne de la tour.

— Cette jolie maison, qui ressemble à une brebis égarée dans l'antre d'un dragon, et que vous apercevez à droite, c'est l'hôtel de la fabrique. C'est là que M. Krupp loge ses amis et qu'il reçoit ses hôtes couronnés. L'empereur Guillaume y vient souvent passer un jour ou deux dans le plus strict incognito. On expérimente alors devant lui, dans le polygone qui est caché par ces toits et qui s'étend presque jusqu'à l'horizon, les nouvelles pièces, dont l'existence est tenue secrète. Nous avons deux places de tir; vous savez qu'il y a une douzaine d'officiers d'artillerie et d'attachés militaires qui logent et travaillent toute l'année dans l'usine. On a aussi fait chez nous quelques essais pour l'emploi des ballons en temps de guerre. On s'en occupe beaucoup au grand état-major.

— A quoi servent ces immenses bâtiments qui ressemblent à des casernes? demandai-je en étendant le bras à gauche.

— Ce sont, comme vous l'avez dit, des casernes. On leur a donné ce nom parce que quinze cents ouvriers y sont logés et nourris à raison d'un franc par jour.

— Quel est le salaire ordinaire de l'ouvrier?

— Trois à quatre francs. On a dû l'abaisser le 1er janvier; mais l'ouvrier a une prime sur les bénéfices de l'usine, et il peut se regarder en quelque sorte comme un associé; en cas de maladie, c'est la caisse d'assurances de l'usine qui paye le médecin et les médicaments, et, en cas de mort, c'est elle encore qui sert des pensions aux veuves. Au bout de seize ans, l'ouvrier reçoit de la caisse de retraite une allocation qui va en augmentant, et au bout de vingt ans, il a droit à la pension de retraite. M. Krupp a, de plus, fondé plusieurs écoles et un hôpital. Il n'oublie pas qu'il a été lui même un simple et pauvre ouvrier, et qu'il a travaillé longtemps aux côtés de son père, dans cette petite forge que vous avez vue près de la porte d'entrée principale, et qu'il a voulu conserver là, comme pour montrer où mènent le travail et la volonté. Le père Krupp n'avait, à cette époque, qu'un ouvrier, et il allait vendre lui-même, aux environs, les divers petits objets qu'il fabriquait. Quand on mesure aujourd'hui la distance parcourue, on reste émerveillé d'une telle transformation...

Nous redescendîmes. Mon conducteur m'avait montré tout ce qu'il lui était permis de me laisser voir. Il m'accompagna jusqu'à la porte et me donna encore quelques renseignements curieux. L'usine fabrique en ce moment une centaine de pièces de campagne pour le compte du vice-roi d'Égypte. Elle exécute aussi des commandes considérables pour l'Italie, et quelques petites commandes pour l'Espagne. La Roumanie fait commande sur commande. M. Krupp lui a déjà livré 48 canons du dernier modèle. L'usine a reçu également de la Sublime-Porte une commande de 100 canons de gros calibre. M. Krupp, qui a été dernièrement décoré de l'ordre du Medjidié de deuxième classe, a fait présent au sultan d'un canon qui vaut 25,000 livres sterling. La Chine elle-même se fournit maintenant à Essen. Malgré ses engagements avec sa clientèle étrangère, M. Krupp n'a pas livré moins de 100 pièces de canon par semaine, du 1er mai 1875 jusqu'au 1er janvier 1876, aux différents dépôts de l'artillerie allemande. On sait que l'artillerie de campagne allemande compte déjà 300 batteries avec 1,800 canons, un personnel de 45,000 hommes et 28,000 chevaux. L'usine a fondu, en outre, des pièces monstrueuses pour armer les nouvelles frégates cuirassées du port de Wilhelmshaven. Le gros canon qu'on a vu à Paris en 1867 défend depuis six ans les côtes de la mer du Nord. La Russie en a commandé un du même calibre pour servir à la défense du port de Cronstadt.

Le gouvernement allemand, qui ne veut pas rester en arrière, vient d'ordonner à M. Krupp de procéder à la fabrication d'un autre canon de 37 centimètres; il lancera des projectiles de 295 à 303 livres, et perforera une plaque de fer massif de 20 à 24 pouces d'épaisseur. Il n'y aura pas de vaisseau blindé qui puisse résister à ses projectiles.

L'artillerie allemande a été aussi augmentée de deux régiments par chaque corps d'armée. Dans la guerre de 1870-1871, l'artillerie prussienne comptait, y compris l'artillerie badoise, 79 batteries d'artillerie légère, 78 batteries de grosse artillerie et 38 batteries d'artillerie à cheval, ce qui faisait, en comptant l'artillerie de réserve, un effectif de 1,344 pièces de canon. La *Semaine militaire* de Berlin a calculé que le total des coups tirés s'éleva à 337,237, qui se répartissent ainsi : grosse artillerie de campagne, 146,144 coups; artillerie légère de campagne, 123,804 coups; artillerie à cheval, 49,934 coups; artillerie de réserve, 22,115; shrapnels et bombes explosibles, 4,890. Dans la campagne de 1813-1814, l'artillerie prussienne a tiré 73,881 coups; en 1815, 18,086 coups; dans la guerre de Danemark, 41,247 coups; dans celle d'Autriche, 31,189 coups.

Avant de m'éloigner, je jetai un dernier regard de tristesse et d'effroi sur cette vaste usine de dévastation, dans cette caverne aux profondeurs insondables, où la Prusse renouvelle sans cesse son arsenal et où elle forge les chaînes de ses futures conquêtes.

En entrant dans une brasserie voisine, je demandai un

journal, et voici ce que j'y lus : « La pièce principale destinée à représenter l'industrie allemande à l'Exposition de Philadelphie sera un canon monstre de l'usine Krupp, de 150 tonnes et 18 pouces et demi de calibre, pour le transport duquel on devra construire un navire spécial. » Le canon géant de Woolwich, qui était resté jusqu'ici sans rival, n'est que de 81 tonnes.

Et voilà comment l'empire allemand travaille à la *consolidation de la paix!*

II

COLOGNE. — LA LÉGENDE DU DÔME

Parti d'Essen l'après-midi, j'arrivai dans la soirée à Cologne. Je descendis à l'hôtel le plus rapproché de la gare, et, comme j'achevais de souper, le premier sommelier, au lieu de m'apporter la bougie allumée et le caisson de cigares traditionnel, déposa devant moi une jolie petite caisse à fermoirs en acier.

La présence de cet objet m'intriguait beaucoup; mais j'aurais cru manquer à mon rôle de voyageur sérieux en me laissant aller à un mouvement de curiosité aussi intempestif que celui de Pandore.

Lorsque j'eus cassé, avec une lenteur tout allemande, suffisamment de noisettes pour calmer mon impatience, j'avançai une main timide et tremblante vers la petite caisse, et, la tirant à moi, je l'ouvris; mais je ne vis que des rubans de papier bleu et jaune, qui cachaient avec mystère le contenu du coffret.

Devais-je écarter ce voile, ou m'en tenir là?

Mon esprit aventureux guida ma main; je sentis au bout de mes doigts une rangée de flacons qui sommeillaient doucement sous cette couverture chaude et douillette. « Parbleu! me dis-je, c'est M. de Bismarck qui m'envoie du cognac! » Mais il me suffit d'une demi-seconde de réflexion pour comprendre que M. de Bismarck, me sachant sur le territoire allemand, ne pouvait m'envoyer que des gendarmes.

D'où venaient alors ces flacons? Que renfermaient-ils?

J'écartai le papier qui les recouvrait, et je lus sur leur étiquette dorée : *Véritable Eau de Cologne de Johan-Maria Farina.*

A ce moment, le sommelier s'approcha de moi et me dit :

— C'être dreize francs zinquante; karandi féritable, de la grande et non de la betite Farina.

En montant dans ma chambre, je trouvai sur la table une nouvelle caisse tout à fait pareille à celle qu'on m'avait apportée après mon souper.

— Je n'ai pas demandé d'eau de Cologne! dis-je à la femme de chambre.

— Za ne fait rien, môzieu, c'être combris dans le brix de la champre.

— Mais je ne sais que faire de votre eau de Cologne.

— Eh bien, môzieu me la donnera. C'était ma betite pénéfisse.

A la porte de l'hôtel, le portier me barra le passage :

— Si môzieu, me dit-il, tésire de la féritable eau de Cologne, j'en ai de l'ottentique; je l'ai vue zortir du ropinet.

Cette fois, je crus à une conspiration; je poussai violemment le portier de côté; mais, dès que j'eus mis le pied dans la rue, une demi-douzaine de gamins s'élancèrent à

Le Rhin, de Bâle à Cologne.

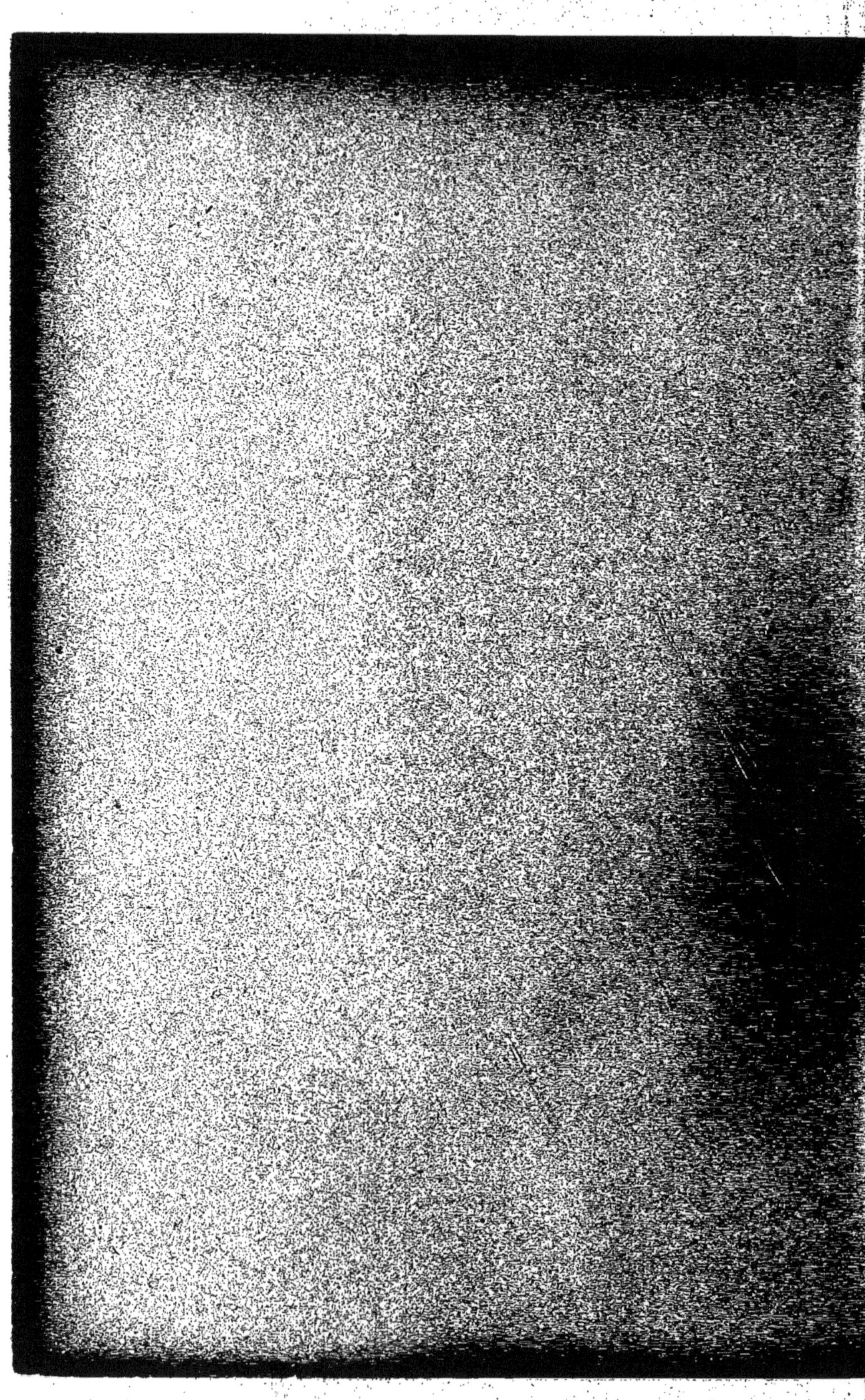

mes trousses en me criant en allemand : « Monsieur, venez avec moi, vous aurez de la toute véritable eau de Cologne de Johan-Maria Farina. » Et l'un me tirait à gauche, l'autre à droite : j'avais une véritable meute d'enfants suspendue aux pans de ma redingote. Il y avait de quoi se fâcher; je me mis à rire aux éclats. « Mes enfants, leur dis-je, laissez-moi tranquille, et allez boire un verre de bière à ma santé. » Ils reçurent avec des gambades de joie les quelques groschen que je leur jetai, et je les entendis se dire en s'éloignant : « C'est un Français; il nous connaît. » Je me suis souvenu alors que, dans son poétique voyage sur le Rhin, Victor Hugo avait relevé cet avertissement très drôle qu'un des trente-huit « véritables » Johan-Maria Farina qui parfument Cologne avait fait peindre en lettres d'or sur les volets de sa boutique : « *J'invite Messieurs les voyageurs à ne pas se fier à des gens sans aveu ni à des galoppins* (sic) *qui abusent de leur confiance,* » etc.

La liqueur cosmétique dite eau de Cologne, par droit de conquête et par droit de naissance, appartient aux Farina ; il faut un Farina pour la composer et la débiter, quoique le secret de sa composition soit connu de tout le monde et qu'aucun brevet, aucun privilège exclusif ne protège cette grande usurpation. Mais, pour la fabrication de cette eau, le Farina est aussi indispensable que le néroli ; aussi, quoique les Farina pullulent prodigieusement à Cologne, on n'en a jamais assez. Ceux qui ne peuvent trouver place dans leur ville natale, on les envoie dans les autres villes de l'Allemagne, ou en France, en Italie, en Amérique, en Australie, dans les archipels des îles Sandwich. Un Farina qui ne vendrait pas de l'eau de Cologne serait déchu de sa caste et renié par les autres Farina ; une eau de Cologne qui ne porterait pas le nom de Farina serait estimée plus bas que de l'eau de fontaine non filtrée[1].

Cologne est une ville aussi curieuse à visiter de nuit que de jour. Par le clair de lune, ses rues étroites et tortueuses, ses maisons aux pignons à volutes ouvragées, festonnées, aux fenêtres gothiques à meneaux de plomb, aux portes en ogive, ses fontaines ornées de vieilles statues, tout cela prend un caractère féodal grandiose et reporte la pensée à deux ou trois siècles en arrière.

La cathédrale s'élève au milieu de ce décor fantastique comme une montagne découpée et taillée à jour par des sculpteurs géants. Ses clochetons, ses flèches, ses colonnettes, forment comme une forêt merveilleuse, toute remplie d'harmonies divines, et dans laquelle les anges remplacent les oiseaux. Qui ne les connaît, ces jolis anges de Cologne, aux longs cheveux bouclés, aux ailes frémissantes, et qui jouent de la flûte ou du violon ? Ils semblent annoncer aux pauvres diables qui passent ici-bas leur vie à payer les violons, sans jamais prendre part à la danse, que le paradis sera un bal champêtre éternel. Sous les arceaux de la forêt de pierre, on voit encore de grands saints qui se tiennent immobiles, et dans le fond, on distingue des dragons et des serpents qui agitent leur dard enflammé. C'est un mélange de choses charmantes et horribles, qui forment le type le plus pur de la cathédrale gothique.

L'archevêque Conrad de Hochstedten, voulant faire bâtir une cathédrale qui effaçât toutes les églises de l'Al-

1. Saintine.

lemagne et de la France, demanda un plan au plus célèbre architecte de Cologne, raconte M. Saint-Marc Girardin. Son nom a péri ; nous verrons pourquoi. L'architecte se promenait donc sur le bord du Rhin, rêvant à ce plan, et il arriva, toujours rêvant, jusqu'à l'endroit qu'on appelle la porte des Francs, et où se trouvent encore aujourd'hui quelques statues mutilées. C'est là qu'il s'assit. Il tenait à la main une baguette et dessinait sur le sable des plans de cathédrale, puis les effaçait, puis recommençait à en dessiner d'autres. Le soleil allait bientôt se coucher ; les eaux du Rhin réfléchissaient ses derniers rayons. « Ah ! disait l'artiste en regardant ce coucher de soleil, une cathédrale dont les tours élancées vers le ciel garderaien encore l'éclat du jour quand le fleuve et la ville seraient déjà dans la nuit, ah ! cela serait beau ! » Et il recommençait ses dessins sur le sable. Non loin de lui était assis un petit vieillard qui semblait l'observer avec attention. Une fois l'artiste ayant cru trouver le plan qu'il cherchait, et s'étant écrié : « Oui, c'est cela ! » le petit vieillard murmura tout bas : « Oui, c'est cela, c'est la cathédrale de Strasbourg. »

Il avait raison.

L'artiste s'était cru inspiré, il n'avait eu que de la mémoire. Il effaça donc ce plan et se mit à en dessiner d'autres. Chaque fois qu'il se trouvait content, chaque fois qu'il avait fait un plan qui semblait répondre à son idée, le petit vieillard murmurait en ricanant : « Mayence, » « Amiens, » ou quelque autre ville fameuse par sa cathédrale ; et l'artiste reconnaissait avec dépit que ses inspirations n'étaient que des souvenirs.

— Parbleu, mon maître, s'écria l'artiste fatigué de ses ricanements, vous qui savez si bien blâmer les autres, je voudrais vous voir à l'œuvre.

Le vieillard ne répondit rien et se contenta de ricaner encore. Cela piqua l'artiste :

— Voyons ! essayez donc.

Et il lui présenta la baguette qu'il avait à la main. Le vieillard le regarda d'une façon singulière ; puis, prenant la baguette, il commença à tracer sur le sable quelques lignes, mais cela avec un tel air d'intelligence et de profond savoir, que l'artiste s'écria aussitôt :

— Oh ! je vois que vous connaissez notre art ! Êtes-vous de Cologne ?

— Non, répondit sèchement le vieillard.

Et il rendit la baguette à l'artiste.

— Pourquoi ne continuez-vous pas? dit celui-ci ; de grâce, achevez.

— Non, vous me prendriez mon plan de cathédrale, et vous en auriez tout l'honneur.

— Écoute, vieillard, nous sommes seuls (et de fait le rivage en ce moment était désert, la nuit devenait de plus en plus sombre), je te donne dix écus d'or si tu veux achever ce plan devant moi.

— Dix écus d'or ! à moi !

Et le vieillard, en disant ces mots, tira de dessous son manteau une bourse énorme qu'il fit sauter en l'air ; au bruit qu'elle fit, on devinait qu'elle était pleine d'or. L'artiste s'éloigna de quelques pas ; puis, revenant d'un air sombre et agité, il saisit le vieillard par le bras, et, tirant en même temps un poignard :

— Achève, ou tu mourras.

— De la violence contre moi !

Et le vieillard, se débarrassant de son adversaire avec une force et une agilité surprenantes, le saisit lui-même, à son tour, et, levant aussi un poignard :

— Eh bien ! dit-il à l'artiste consterné, eh bien ! maintenant que tu sais que ni l'or ni la violence ne peuvent rien sur moi, ce plan que j'ai ébauché devant toi, tu peux l'avoir, tu peux en retirer l'honneur.

— Comment? s'écria l'artiste.

— Engage ton âme pour l'éternité!

L'artiste poussa un grand cri et fit le signe de la croix. Le diable aussitôt disparut. En reprenant ses sens, l'artiste se trouva étendu sur le sable. Il se releva et revint à son logis, où la vieille femme qui le servait et qui avait été sa nourrice lui demanda pourquoi il revenait si tard. Mais l'artiste ne l'écouta point. Elle lui servit à souper; il ne mangea pas. Il se coucha; ses rêves furent remplis d'apparitions, et dans ces apparitions toujours se représentaient à sa vue ce vieillard et les lignes admirables du plan qu'il avait commencé à tracer. Cette cathédrale qui devait surpasser toutes les autres, ce chef-d'œuvre qu'il rêvait, il existait, il y en avait un plan! Le lendemain, il se mit à dessiner des tours, des portails, des nefs; rien ne le pouvait satisfaire. Le plan du vieillard, ce plan merveilleux, voilà la seule chose qui puisse le contenter. Il alla à l'église des Saints-Apôtres et essaya des prières. Vains efforts! Cette église est petite, basse, étroite. Que serait-ce auprès de l'église mystérieuse du vieillard!...

Le soir il se retrouva, sans savoir comment il y était venu, sur le rivage du Rhin. Même silence, même solitude que la veille. Il s'avança jusqu'à la porte des Francs. Le vieillard était debout, tenant à la main une baguette avec laquelle il semblait dessiner sur la muraille. Chaque ligne qu'il traçait était un trait de feu, et toutes ces lignes enflammées se croisaient, s'entrelaçaient de mille manières, et pourtant, au milieu de cette confusion apparente, laissaient voir des formes de tours, de clochers, et d'aiguilles gothiques qui, après avoir brillé un instant, s'effaçaient dans l'obscurité. Parfois ces lignes ardentes semblaient s'arranger pour faire un plan régulier, parfois l'artiste croyait qu'il allait voir resplendir le plan de la cathédrale merveilleuse ; mais, tout à coup, l'image se troublait sans que l'œil pût rien y reconnaître.

— Eh bien ! veux-tu mon plan ? dit le vieillard à l'artiste.

Celui-ci soupira profondément.

— Le veux-tu ? parle !

Et, en disant ces mots, il dessina sur la muraille en traits de feu l'image d'un portail qu'il effaça aussitôt.

— Je ferai ce que tu veux, dit l'artiste hors de lui.

— A demain donc, à minuit !

Le lendemain, l'artiste se réveilla, l'esprit vif et joyeux. Il avait tout oublié, excepté qu'il allait avoir enfin le plan de cette cathédrale invisible qu'il rêvait depuis longtemps ; il se mit à sa fenêtre : il faisait le plus beau temps du monde. Le Rhin s'étendait en forme de croissant avec ses eaux qui brillaient aux rayons du soleil et sur ses bords Cologne semblait descendre et glisser doucement de la colline sur le rivage, et du rivage dans les flots où se baignait le pied de ses remparts. Voyons, se disait l'artiste, où placerai-je ma cathédrale ?

Et il cherchait des yeux quelque endroit convenable. Comme il était occupé de ces pensées d'orgueil et de joie, il vit sa vieille nourrice sortir de sa maison ; elle était vêtue de noir :

— Où vas-tu donc ainsi vêtue de noir ?

— Je vais aux Saints-Apôtres, à une messe de délivrance pour une âme du purgatoire.

Et elle s'éloigna.

Un château restauré aux bords du Rhin.

Une messe de délivrance ! Et aussitôt fermant sa fenêtre, se jetant sur son lit et fondant en larmes : « Une messe de délivrance ! Mais moi, il n'y aura ni messe ni prières qui me puissent délivrer ! Damné, damné à jamais ! damné parce que je l'ai voulu ! »

C'est dans cet état que le trouva sa nourrice quand elle revint de l'église. Elle lui demanda ce qu'il avait ; et, comme d'abord il ne lui répondit pas, elle se mit à le prier avec tant de tendresse et de larmes que l'artiste, ne pouvant plus résister, lui conta ce qu'il avait promis. La vieille femme resta immobile à ce récit. — Vendre son âme au démon ! cela est-il possible ! Il ne se souvenait donc plus des promesses de son baptême et des prières qu'elle lui avait enseignées autrefois ! Il fallait aller de suite se confesser.

L'artiste sanglotait. Tantôt l'image de la cathédrale merveilleuse passait devant ses yeux, fascinait son esprit, et tantôt l'idée de sa damnation éternelle se réveillait si vive et si poignante qu'il tressaillait sur son lit. La nourrice, ne sachant que faire, résolut d'aller consulter son confesseur. Elle lui conta l'affaire. Le prêtre se mit à réfléchir :

— Une cathédrale qui ferait de Cologne la merveille de l'Allemagne et de la France !

— Mais, mon père...

— Une cathédrale où l'on viendrait de tous côtés en pèlerinage !

Après avoir bien pensé et bien médité :

— Ma bonne, dit le prêtre, en lui donnant un reliquaire d'argent, voici une relique des onze mille vierges. Donnez-la à votre maître ; qu'il la prenne avec lui en allant à son rendez-vous. Qu'il tâche d'enlever au diable le plan de sa merveilleuse église, avant d'avoir signé aucun engagement ; puis, qu'il lui montre cette relique.

Il était onze heures et demie quand l'artiste quitta sa demeure, laissant sa nourrice en prière et lui-même ayant prié pendant une bonne partie de la soirée. Il avait sous son manteau la relique qui devait lui servir de sauvegarde. Il trouva le diable à l'endroit convenu. Ce soir-là, il n'avait pas pris de déguisement :

— Ne crains rien, dit-il à l'architecte qui tremblait, ne crains rien et approche.

L'architecte approcha :

— Voilà le plan de la cathédrale, et voilà l'engagement que tu dois signer.

L'artiste sentit que c'était de ce moment que dépendait son salut.

Il fit une prière mentale, en se recommandant à Dieu ; puis, saisissant d'une main le plan merveilleux, et de l'autre tenant la sainte relique : « Au nom du Père, du Fils et du Saint-Esprit, s'écria-t-il, et par la vertu de cette sainte relique, retire-toi, Satan ! retire-toi ! » Et en disant ces mots il redoublait ses signes de croix. Le diable resta un instant immobile : « C'est un prêtre qui t'a conseillé, dit-il à l'artiste, c'est une ruse d'Église ! »

Il demeura encore quelques instants, semblant chercher s'il ne pourrait pas reprendre son plan ou se jeter sur l'artiste pour le frapper de mort. Mais celui-ci se tenait sur ses gardes, tenant le plan sur sa poitrine et se couvrant de la relique sainte comme d'un bouclier.

— Je suis vaincu, cria Satan ; mais je saurai me venger, malgré les prêtres et les reliques. Cette église que tu m'as volée, elle ne s'achèvera pas. Et quant à toi, j'effacerai ton nom de la mémoire des hommes. Tu ne seras pas damné, architecte de la cathédrale de Cologne, mais tu seras oublié et inconnu !

A ces mots, le diable disparut. Ces dernières paroles

avaient fait une singulière impression sur l'artiste. Oublié et inconnu !

Il revint chez lui, triste, quoique maître du plan merveilleux. Cependant il fit dire le lendemain une messe d'actions de grâces. Ensuite on commença les travaux de la cathédrale. L'artiste, en la voyant chaque jour s'élever davantage, espérait que les prédictions du démon seraient trompées, et, quant à son nom, il se promettait de le faire graver sur une plaque de cuivre scellée dans le portail. Vaine espérance ! Bientôt les dissensions entre l'archevêque et les bourgeois de Cologne interrompirent les travaux. L'artiste mourut subitement et avec des circonstances qui firent croire que le diable avait hâté sa mort[1].

Telle est la légende de cette cathédrale toute pleine de curiosités et de merveilles. « Les verrières, du temps de Maximilien, sont peintes, a dit Victor Hugo, avec la robuste et magnifique exagération de la renaissance allemande. Là abondent ces rois et ces chevaliers aux visages sévères, aux tournures superbes, aux panaches monstrueux, aux lambrequins farouches, aux morions exorbitants, aux épées énormes, armés comme des bourreaux, cambrés comme des archers, coiffés comme des chevaux de bataille.

« Ils ont près d'eux leurs femmes agenouillées dans les coins des vitraux avec des profils de lionnes et de louves. Le soleil passe à travers ces figures, leur met de la flamme dans les prunelles et les fait vivre.

« Une de ces verrières reproduit ce beau motif que j'ai déjà rencontré tant de fois, la généalogie de la Vierge. Au bas du tableau, le géant Adam, en costume d'empereur, est couché sur le dos. De son ventre sort un grand

1. Saint-Marc Girardin.

arbre qui remplit le vitrail entier et sur les branches duquel apparaissent tous les ancêtres couronnés de Marie : David jouant de la harpe, Salomon pensif; au haut de l'arbre, dans un compartiment gros bleu, la dernière fleur s'entr'ouvre et laisse voir la Vierge portant l'enfant.

« En sortant de l'oratoire, ajoute l'auteur du *Rhin,* trois choses m'ont frappé presqu'à la fois : à ma gauche, une charmante petite chaire du seizième siècle, très spirituellement inventée et très délicatement coupée dans le chêne noir ; un peu plus loin, la grille du chœur, modèle rare et complet de l'exquise serrurerie du quinzième siècle ; vis-à-vis de moi, une fort belle tribune à pilastres trapus et à arcades basses, dans le style de notre arrière-renaissance, que je suppose avoir été pratiquée là pour la triste reine réfugiée Marie de Médicis.

« A l'entrée du chœur, dans une élégante armoire rococo, étincelle et reluit une vraie madone italienne, chargée de paillettes et de clinquant, ainsi que de son bambino. Au-dessous de cette opulente madone aux bracelets et aux colliers de perles on a mis, comme antithèse apparemment, un massif tronc pour les pauvres, façonné au douzième siècle, enguirlandé de chaînes et de cadenas de fer et à demi enfoncé dans un bloc de granit grossièrement sculpté. On dirait un billot scellé dans un pavé. »

Et dans le chœur, que de richesses ! Laissons encore parler Victor Hugo :

« Ce sont des sacristies pleines de boiseries délicates et des chapelles pleines de sculptures sévères ; des tableaux de toutes les époques, des tombeaux de toutes les formes : des évêques de granit couchés dans une forteresse ; des évêques de pierre de touche couchés sur un lit porté par une procession de figurines éplorées ; des évêques de marbre couchés sous un treillis de fer; des évêques de bronze couchés à terre; des évêques de bois agenouillés devant des autels; des lieutenants généraux du temps de Louis XVI accoudés sur leurs sépultures; des chevaliers du temps des croisades gisant avec leur chien qui se frotte amoureusement contre leurs pieds d'acier; des statues d'apôtres vêtues de robes d'or; des confessionnaux de chêne à colonnes torses; de nobles stalles canonicales; des fonts baptismaux gothiques qui ont la forme d'un cercueil; des retables d'autel chargés de statuettes; de beaux fragments de vitraux; des annonciations du quinzième siècle sur un fond d'or avec les riches ailes multicolores en dessus, blanches en dessous de leur ange qui regarde la Vierge; des tapisseries peintes sur les dessins de Rubens; des grilles de fer qu'on croirait de Metzis-Quentin, des armoires à volets peintes et dorées, qu'on croirait de Franc-Floris. »

Mais la construction la plus vénérée de la cathédrale de Cologne est le fameux tombeau des rois mages. « C'est, dit Victor Hugo, une assez grosse chambre de marbre de toutes couleurs, formée d'épais grillages de cuivre : architecture hybride et bizarre où les deux styles de Louis XIII et de Louis XV confondent leur coquetterie et leur lourdeur. Cela est situé derrière le maître-autel, dans la chapelle culminante de l'abside. Trois turbans mêlés au dessin du grillage principal frappent d'abord le regard. On lève les yeux, et l'on voit un bas-relief représentant l'adoration des mages ; on les abaisse, et on lit ce médiocre distique :

Corpora sanctorum recubant hic terna Magorum
Ex his sublatum nihil est alibine locatum.

« Ici une idée à la fois riante et grave s'éveille dans

l'esprit : c'est donc là que gisent ces trois poétiques rois de l'Orient qui vinrent, conduits par l'étoile, *ab Oriente venerunt,* et qui adorèrent un enfant dans une étable!...

« J'avoue que rien au monde ne me charme plus que cette légende des *Mille et une nuits* enchâssée dans l'Évangile. Je me suis approché de ce tombeau, et, à travers le grillage jalousement serré, derrière une vitre obscure, j'ai aperçu dans l'ombre un grand et merveilleux reliquaire byzantin en or massif, étincelant d'arabesques, de perles et de diamants, absolument comme on entrevoit, à travers les ténèbres de vingt siècles, derrière le sombre et austère réseau des traditions de l'Église, l'orientale et éblouissante histoire des trois rois.

« Des deux côtés du grillage verré, deux mains de cuivre doré sortent du marbre et entr'ouvrent chacune une aumônière au-dessous de laquelle le chapitre a fait graver cette provocation directe : *Et apertis thesauris suis, obtulerunt ei munera.*

« Vis-à-vis du tombeau brûlent trois lampes de cuivre, dont l'une porte ce nom : Gaspar, l'autre Melchior, la troisième Balthazar ; c'est une idée ingénieuse d'avoir en quelque sorte allumé, devant ce sépulcre, les trois noms des trois mages. »

Cologne, comme Nuremberg, est un musée d'antiquités. Nulle part en Allemagne on ne trouve de si vieilles églises, de si anciennes peintures, de si antiques monuments. Certaines rues, voisines du Rhin, ont conservé leur physionomie douce et sombre du moyen âge. Là, les maisons sont encore ornées de pittoresques pignons, les fenêtres du rez-de-chaussée sont bardées et cuirassées de fer, les portes ressemblent à des portes de forteresse ou de prison, des enseignes étranges grincent au vent, et les toits en pointe sont si rapprochés que le ciel ressemble à une longue fissure bleue. De pauvres vieilles femmes passent comme des spectres, sans bruit; d'autres, marchant appuyées sur une canne et enveloppées dans une longue mante noire, ressemblent aux sorcières des légendes enfantines.

La place de l'hôtel de ville n'a pas encore été gâtée

Bourgeois de Cologne au seizième siècle.

par quelque piteux monument de triomphe. Qu'elle est noble et richement fleurie, l'architecture de cet édifice charmant, une des plus gracieuses créations de la Renaissance ! Il y a dans son porche une élégance toute florentine. Les balustrades de son balcon sont travaillées comme de fines dentelles. Dans ses jolis chapiteaux, creusés et ciselés avec le soin d'une pièce d'orfèvrerie, grimacent des têtes bouffonnes, se dressent des statuettes, s'épanouissent des fleurons, des écussons et des blasons enguirlandés de nœuds de pierre.

Je ne pouvais quitter Cologne sans aller jusqu'à Deutz, sur l'autre rive du Rhin.

Je descendis une petite rue tortueuse comme la politique de M. de Bismarck, mais où les maisons du seizième siècle attirent de tout côté le regard par la richesse et l'originalité de leur architecture. Un bourgeois de Cologne était alors un grand seigneur. S'il était magistrat ou sénateur, il ne possédait pas moins de vingt-deux habits officiels; ses appartements étaient tendus en cuir doré, et dans sa bibliothèque, à côté de la Bible, de Tite-Live, on voyait les œuvres de Luther et de Mélanchthon, les *Essais* de Montaigne, des grammaires française, italienne et anglaise.

Lors de la conclusion de la « paix publique » de Westphalie, en 1371, Cologne et Berlin ne comptaient guère plus de 1,200 maisons ; la plupart étaient en bois. Les porcs se promenaient familièrement dans les rues, et les courtisans qui se rendaient chez l'électeur montaient sur des échasses pour ne pas salir leurs chausses dans la boue, ce qui n'empêchait point Pétrarque d'écrire de Cologne au cardinal Colonna : « Que cette ville est belle ! Quelle merveille de trouver une telle ville dans un pays barbare ! »

Au dix-septième siècle, en 1618, Cologne fut pavée, et, une révolte ayant éclaté parmi les tisserands, il fut question d'élever des barricades ; les magistrats finirent par l'emporter : ils ordonnèrent de brûler sur la place publique dix-sept cents métiers. Ce fut le signal de la décadence commerciale de la ville libre, car les fabricants et les ouvriers émigrèrent à Dusseldorf, à Aix-la-Chapelle et en Belgique.

Quand les Français entrèrent à Cologne, en 1794, la population ne dépassait guère 40,000 âmes, parmi lesquelles on comptait 12,000 mendiants qui vivaient à la porte des églises et des couvents, où chacun d'eux avait sa place marquée, qui se transmettait comme un héritage de père en fils. Le gouvernement français sécularisa la plupart des monastères. « Dans l'un d'eux, dit un écrivain allemand, se trouvait un tableau qui représentait l'Assomption de la sainte Vierge : celle-ci était assise comme une belle dame, dans une diligence attelée de douze chérubins qui galopaient sur les nuages. Le prophète Élie,

Canot sur le Rhin.

habillé en cocher, conduisait ; en guise de fouet, il tenait une longue fleur de lis. »

L'entrée des Français à Cologne, sous le commandement du général Championnet, se fit sans coup férir ; ce fut une véritable entrée triomphale. « Reçus aux limites du territoire municipal par le bourgmestre, le syndic, l'assesseur, le gonfalonier de la république, les Français entrèrent dans la splendide cité, joyeux, victorieux, mais plus déguenillés que jamais ; beaucoup étaient en sabots et habillés de vieux tapis, et ce n'étaient pas les plus malheureux. Ils ne perdirent pas de temps pour planter l'arbre de la liberté sur le nouveau marché (6 octobre). Le *Rath* (conseil municipal) et les *Zunfte* avaient été invités à la cérémonie. Curiosité ou sympathie, tout le monde accepta. Une procession, où les bourgeois se mêlèrent aux généraux, aux officiers et aux soldats français, parcourut la ville avec des chants et des acclamations révolutionnaires. La journée se termina par des danses et des réjouissances[1]. »

Cologne est reliée à Deutz par deux ponts : un pont fixe et un pont de bateaux. Ce dernier est encore aujourd'hui la promenade la plus fréquentée de Cologne.

Deutz est le faubourg militaire de Cologne. C'est de ce côté que les fortifications sont le plus formidables. On y a construit de grands parcs d'artillerie, et l'ancienne abbaye des bénédictins est devenue une caserne de cavalerie.

Le commandant de la place, le fameux colonel von Schmettau, qui fit une charge pleine de bravoure à Mars-la-Tour, avait pris l'habitude de se promener dans les rues avec son casque qu'avaient troué trois balles. L'année dernière, le prince royal de Prusse, le rencontrant avec cette coiffure glorieuse mais endommagée, ne put s'empêcher de lui dire :

— Commandant, vous êtes donc bien pauvre?

— Moi, Altesse? fit-il d'un air étonné.

— Mais, oui; vous portez un vieux casque tout troué. Achetez-en donc un autre, je vous prie, — au moins pour les jours de pluie.

Le général se le tint pour dit, et, depuis ce jour, on n'a plus revu son fameux casque qu'au Musée.

Au début de la guerre, Cologne, défendue par onze

1. *Les Français sur le Rhin* (1792-1804), par M. Alfred Rambaud.

forts et deux enceintes, fut mise en état de siège. Les soldats avaient pratiqué des tranchées à environ deux lieues de la ville. Un camp devait être établi entre Cologne et Trèves, appuyé sur les forteresses de Coblentz et de Trèves.

C'est vers Coblentz que devait se retirer l'armée prussienne en cas d'échec.

III

BONN ET SON UNIVERSITÉ. — LA VIE ET LES MŒURS DES ÉTUDIANTS

« Descendre le Rhin au vol de la vapeur, a dit Méry, c'est assister à une scène où le machiniste changerait de beaux décors à chaque minute, sans donner aux yeux le temps de les voir. »

C'est d'abord Cologne avec ses tours, ses clochers, qui disparaît derrière vous, dans la lumière d'or du soleil levant; puis ce sont de gracieux villages disséminés dans les fraîches prairies qui bordent le fleuve jusqu'à Bonn. Ici, le Rhin n'est pas encore le noble fleuve féodal et guerrier. Il coule paisible au milieu d'une nature douce comme lui; c'est un fleuve d'idylle, et non de bataille.

Bonn est une petite ville gracieuse et charmante. Très aristocratique, elle n'a pas cette morgue des parvenus ou de la sottise : elle est affable aux étrangers, et les étudiants ont l'habitude d'y frayer avec les princes.

Le prince royal d'Allemagne, que les Allemands nomment le *Kronprinz,* a fait ses études à Bonn, où on lui avait donné pour logement quelques chambres attenant à la bibliothèque de l'université. Son fils, le prince Wilhelm, qui a fait aussi ses trois semestres au bord du Rhin, habitait dans la Coblenzerstrasse une jolie villa pleine de roses, qui appartient à un ami de son père.

Pendant l'année 1878, le prince Wilhelm eut pour compagnons et camarades d'université le fils du grand-duc de Bade, le prince Ernest de Saxe-Meiningen, le fils du grand-duc de Mecklembourg, le prince d'Oldenbourg, qui tous suivaient les cours, les uns assidûment, attentivement, en hommes qui diront un jour, comme le Prospero de Shakespeare : « Ce qu'il y a de plus précieux dans tout mon duché, c'est ces quelques livres que j'ai réunis ; » les autres plus négligemment, en jeunes gens plus curieux des hommes que des livres, et plus amusés par les visages humains que par les textes.

« Ce fut pour la paisible ville, où philologie, médecine, jurisprudence et théologie vivent bien ensemble, faisant peu de bruit et beaucoup d'ouvrage, en sages et discrètes personnes, — ce fut pour les simples et bienveillants habitants de Bonn un assez étrange spectacle. Napoléon Ier se vantait de donner à ses comédiens un parterre de rois : cette année-là, l'Allemagne donna à ses professeurs de Bonn un parterre de princes[1]. »

Bonn est la patrie du grand Beethoven, dont la statue orne la place de la cathédrale. L'immortel compositeur est représenté debout, enveloppé dans un manteau ; on dirait qu'il écoute les voix inspiratrices du fleuve qui murmure à ses pieds les noms poétiques des Niebelungen, de Roland, de Liba et de Loreley.

La ville de Bonn a également élevé une statue à l'anti-

1. Amédée Pigeon, *l'Allemagne en 1884.*

quaire Winckelmann et au poète patriote Maurice Arndt. La statue d'Arndt s'élève sur la promenade des anciens bastions, et domine le Rhin dans l'attitude d'une sentinelle. Les deux canons français que l'empereur Guillaume fit enlever des remparts de Strasbourg pour les offrir à la jeunesse universitaire de Bonn, en souvenir de la cam-

Étudiant allemand.

pagne de 1870-1871, ont été placés au pied de la statue du poète belliqueux.

Arndt fut le précurseur de Kœrner et de Rückert, l'ami de Stein, de Scharnhorst, de Gneisenau et de Blücher. Il reprit le luth brisé des anciens bardes allemands et se fit le *minnessinger* de la guerre sainte. Ses chansons guerrières, ses pamphlets éclataient sur le passage de Napoléon comme des machines infernales. Dans ses chansons, il semble qu'on entende aiguiser le fer vengeur ; sa muse pousse des cris de mort comme une Euménide, elle traverse l'Allemagne en agitant une épée flamboyante. Elle montre à cette nation tremblante et enchaînée le chemin de la délivrance et de la victoire.

Arndt naquit dans l'île de Rügen, dans l'extrême nord, sous un ciel rude, au milieu d'une mer battue par les tempêtes. Il était fils d'un simple laboureur. Sa mère, qui avait reçu quelque instruction, lui apprit à lire dans la vieille Bible de famille. Le jeune Maurice montrait tant d'ardeur au travail, il était si matinal, qu'on l'avait surnommé « l'alouette ».

En 1791, on l'envoya à Greiffswald, puis à Iéna pour suivre les cours de l'université. Poussé par l'amour des voyages, il parcourut, à vingt-huit ans, l'Allemagne, la Hongrie, l'Autriche, l'Italie, la Belgique et la France. Il voyageait à pied et séjourna tout un été à Paris. A son retour, il fut agrégé à la faculté de philosophie de Greffswald, avec un traitement de 1,125 francs, et il se maria. Le premier de ses livres, qui parut en 1803, sous le titre de *la Germanie et l'Europe*, révéla un écrivain ardent, passionné, enflammé par le patriotisme le plus pur, combattant pour l'émancipation et la liberté ; Arndt s'y montre un partisan fougueux de la révolution française. Homme du peuple, il plaide la cause du peuple. En 1804, il publie un second ouvrage : *l'Histoire de la servitude en Poméranie et dans l'île de Rügen,* dans lequel il flétrit les abus féodaux des seigneurs et demande l'émancipation des paysans. Les gentilshommes prussiens l'accusèrent de trahison envers le roi, mais il se justifia victorieusement devant le gouverneur général du pays. Il obtint un congé et se mit à parcourir la Suède. En 1805, le premier consul, auquel il avait consacré plus d'une page élogieuse, avait pris la couronne impériale, ceint l'épée et franchi le Rhin pour écraser l'Allemagne. Arndt, après avoir chanté le libérateur, maudit le conquérant. Il ne vit plus en Napoléon qu'un despote, et dans les Français que des instruments de despotisme.

En 1806, il lance son *Esprit du temps,* qui éclate avec le fracas d'une bombe, et produit dans toute l'Allemagne l'étonnement, l'effroi, puis l'admiration et l'enthousiasme. Napoléon fit saisir le livre et poursuivre l'auteur. Arndt se réfugia à Breslau, où il trouva les futurs généraux de la guerre de 1813. Le ministre Stein l'attacha à sa personne, lorsqu'il quitta Breslau et vint à Saint-Pétersbourg. Ce fut pendant son séjour au bord de la Néva qu'Arndt donna les *Trois Coups de cloche, signal de l'heure présente.* C'était le tocsin qui appelait les patriotes allemands à former une « légion allemande », et ce fut le glas de la domination française. Puis, coup sur coup, retentirent encore les *Voix de la vérité,* les enseignements patriotiques du *Catéchisme du soldat,* les rires sarcastiques avec lesquels il racontait les *Beaux Traits de la vie de Napoléon.* Ces écrits circulaient clandestinement dans les châteaux, dans les chaumières, dans les brasseries; partout ils semaient la haine de l'étranger, ils exaltaient les esprits, surexcitaient le patriotisme et préparaient le grand réveil national de 1813.

Après le désastre de Moscou, Arndt rentra en Prusse, sous la protection des baïonnettes moscovites. Il publia immédiatement sa troisième série de *l'Esprit du temps* et un petit livre populaire, le *Catéchisme du guerrier chrétien et du citoyen-soldat,* mélange d'admonestations pieuses et guerrières, écrites en style biblique comme plus tard les *Paroles d'un croyant.* C'est au nom de Dieu et de la sainte Trinité qu'Arndt prêche l'assassinat et l'extermination des Français. Voici le chapitre que le

Tyrtée allemand ajouta à son livre, en 1815, quand Napoléon, de retour de l'île d'Elbe, menaça de nouveau l'Europe :

Le diable a depuis longtemps démasqué son visage, et les ténèbres nous vantent en vain la lumière ;

Dieu a écrasé ses hordes et il les écrasera encore, et le jugement des peuples surviendra dans son formidable appareil ;

Pars donc, fils guerrier de l'Allemagne, retourne gaiement au combat ; marche en pieux chrétien, comme un soldat du Seigneur...

Notre sentinelle est à son poste, au haut du firmament ; le protecteur du bon droit est notre bouclier.

Que sa volonté soit faite en la terre comme au ciel ! Son éternelle volonté, c'est la vérité et la justice !

Si Dieu n'avait voulu que des animaux serviles, à quoi bon faire l'homme et imprimer sur son front le sceau de la majesté et de la liberté ?

L'homme libre est celui qui fait la volonté de Dieu et qui accomplit ce que Dieu a écrit dans son cœur : celui qui agit par peur n'est qu'un vil animal...

Dieu n'habite que dans les cœurs fiers, et le ciel est trop haut pour les affections basses.

Car l'humilité elle-même s'appuie sur le Seigneur, tandis que les âmes serviles rampent dans la boue avec les vers.

Arndt jetait en même temps à tous les échos de l'Allemagne ces chansons et ces hymnes de guerre qui firent des soldats teutons des hordes si pillardes et si pieuses : *l'Encouragement au combat*, *l'Action de grâces après la bataille*, *le Chant du matin* et *le Chant du soir du soldat*, *le Chant d'alliance*, *le Chant de la patrie*, *la Patrie allemande*, *l'Invocation à Dieu*, *la Prière*, *la Confiance en Dieu*, etc. Il composa aussi une série de ballades sur les héros de la guerre sainte : le roi de Prusse, Blücher, Stein, Scharnhorst ; il leur disait : « Un grand guerrier marche à vos côtés, un guerrier plus fort, plus vaillant, plus puissant que les autres, armé de l'épée de la vengeance : ce guerrier s'appelle *Dieu!* Il frappe, et l'orgueil de l'ennemi se change en honte. Il est le vengeur de la liberté, l'appui de la fidélité ; il dissipe les mensonges et les tromperies des méchants, comme l'ouragan disperse les feuilles sèches ; Dieu est notre salut et notre victoire, car nous sommes armés pour une guerre sainte. »

C'est toujours au Dieu qui fait « croître le fer », à « l'Exterminateur céleste » que le poète s'adresse dans ses chants féroces et dans ses prières barbares.

A ces chants d'Arndt, un autre poète répondait, un poète qui portait la lyre d'une main et le glaive de l'autre, Théodore Kœrner : « Hurrah ! frères, sus à l'ennemi ! hurrah ! pour affranchir le Rhin, notre père ! Hurrah ! pour venger l'Allemagne, notre mère !... Les épées s'agitent impatientes dans le fourreau ; *elles ont soif du sang français !* Il faut marcher ! il faut combattre ! point de vaine pitié ! »

Après la bataille de Leipzig, Arndt accorde de nouveau son luth aux cordes de fer ; il s'élance encore une fois sur ce Pégase aux hennissements sauvages qui le transporte en pleine mêlée, et il pousse, les cheveux au vent, l'œil enflammé, des vociférations de mort. Une de ses brochures, qui date de cette époque, est restée comme le bréviaire du patriote tudesque ; elle est intitulée : *le Rhin, fleuve allemand, mais non frontière de l'Allemagne.*

En 1814 et en 1815, il s'acharna sur le cadavre de Napoléon et de la France, qu'il traîna aux gémonies, au milieu des hurlements joyeux de l'Allemagne, en ribote de gloire.

Arndt s'était épuisé dans cette frénésie poétique; on lui donna, en guise de pension, une chaire d'histoire à l'université de Bonn. Il était alors âgé de quarante-huit ans; il épousa en secondes noces la sœur de Schleiermacher, mais sa vie de retraite ne devait pas jouir d'une longue tranquillité. En 1819, après l'assassinat de Kotzebue par Sand, la réaction triompha dans toute la Prusse et Mayence devint le siège d'un tribunal d'inquisition politique. Le patriotisme libéral d'Arndt fut soupçonné; des agents de la police envahirent sa maison, s'emparèrent de tous ses papiers, et un procès fut instruit contre lui. Après trois années de vexations, Arndt fut suspendu de ses fonctions de professeur. Enfin Frédéric-Guillaume IV monta sur le trône et la réhabilitation d'Arndt fut un des premiers actes de son règne. Le poète avait soixante-dix ans; ses collègues le nommèrent recteur de l'université. Lorsque Arndt atteignit sa quatre-vingt-dixième année, le peuple allemand organisa de grandes fêtes en son honneur. La ville de Cologne lui décerna le droit de cité; il reçut des décorations de tous les princes allemands. Un mois après, il mourut; il est enterré sous le chêne qu'il a planté lui-même sur la tombe d'un de ses fils. Membre du parlement de Francfort en 1848, Arndt avait accepté avec enthousiasme la mission d'offrir au roi de Prusse la couronne impériale, que celui-ci refusa, ne se sentant pas encore la tête assez solide pour un tel fardeau.

L'auteur de *la Patrie allemande* se plaisait à répéter cette comparaison aussi juste qu'elle est triviale : « Le genre prussien (*das Preussische Wessen*) est comme une grossière chemise de laine. Au commencement, elle gratte horriblement, mais peu à peu la peau s'y habitue, et l'on finit par trouver ce vêtement très agréable, surtout par les temps rigoureux, parce qu'il vous protège admirablement. »

La célèbre chanson patriotique d'Arndt : *Où est la patrie allemande ? — Partout où résonne l'idiome teuton*, etc., n'est pas seulement un chef-d'œuvre de poésie, c'est le programme politique que l'Allemagne se flatte de remplir un jour.

De la promenade des Vieux-Bastions, je me rendis à la cathédrale et à l'université, en passant devant l'église des Jésuites. Une légende quelque peu protestante raconte que le diable arriva un jour en compagnie du vent jusqu'au seuil de cette église et qu'il y entra. Il n'en est pas encore sorti, et le vent l'attend toujours, ce qui explique les sifflements qu'il fait entendre dans cette rue, et le nombre de chapeaux qui s'envolent à toute heure.

L'université de Bonn, fondée en 1783, fut fermée par Napoléon et rouverte en 1818 par le gouvernement prussien. Au quatorzième siècle, l'université rhénane se trouvait à Cologne. « Non contents de singer les mœurs de la chevalerie, les étudiants allemands, dit M. Scherr, dans son *Histoire de la civilisation en Allemagne*, empruntaient encore au moyen âge sa brutale grossièreté. Quand les habitudes crapuleuses ne les dominaient pas trop, il y avait dans leur existence quelque chose de libre et de noble, qui tend à disparaître de plus en plus depuis que le triomphe de la bureaucratie a éteint le feu sacré sous l'ambition de parvenir aux emplois. Alors, du moins, l'étudiant pouvait s'ébattre en toute indépendance, et les termes de camarade et de philistin (bourgeois) avaient un sens réel. Il se distinguait d'abord par la fantaisie extravagante de son costume. On le voyait se promener avec les cheveux longs et la barbe pointue, un chapeau mou à plumes sur la tête, un large manteau jeté sur sa veste et la jambe serrée dans une botte à éperon. L'album, cette invention académique, se pavanait au ceinturon et le tout était complété par une longue épée et par une longue pipe. En voyage, on y ajoutait un formidable bâton noueux. »

Les étudiants pauvres vivaient en chantant le soir dans les rues et dans les brasseries, et si grande était leur détresse, qu'ils étaient souvent obligés de voler. En 1650, les étudiants d'Erfurt arrachèrent un des leurs de l'échafaud, où le vol l'avait conduit.

Aujourd'hui, l'étudiant allemand est encore un type fort original[1]. S'il boit comme six, il étudie comme quatre. Promenez-vous à Heidelberg, à Leipzig, à Bonn, pendant la journée ; vous ne verrez pas une casquette. L'étudiant est à la besogne ; il pioche son *Corpus* ou sa physiologie humaine. Rien ne le distraira de sa tâche ; mais, le soir, le diable ne l'empêcherait pas de fumer ses douze pipes en buvant ses douze chopes.

L'étudiant est maître de la ville universitaire, il a de grands privilèges ; la police urbaine n'a pas prise sur lui.

J'ai vu une fois, vers onze heures du soir, un étudiant, émoustillé par la liqueur blonde, sonner à la porte d'une maison privée ; on vint ouvrir ; la servante, une vieille en bonnet de nuit, demanda *quid?*

— Pourriez-vous, articula l'étudiant avec un sérieux désopilant, me dire où s'insinue le muscle droit interne de la jambe gauche du *dinotherium giganteum* de Cuvier ?...

Tête de la duègne. Elle se fâche, elle crie, elle tempête,

1. Les détails, qui suivent sont empruntés à un petit opuscule : *l'Étudiant allemand* par Siebel.

elle épuise le vocabulaire des aménités honnêtes. L'étudiant jubile, la matrone crie plus fort, un *Polizei-Diener* arrive. Il met la main (*manus injectio*) sur le coupable :
— En avant, au bureau ! — *Donner Wetter ! was soll das heissen ?* (Tonnerre ! qu'est-ce que c'est ?) — Venez au bureau, je vous dis ! — *Bitte ein Augenblick !* (Minute !)

Et l'étudiant exhibe sa carte parafée par le secrétaire

Étudiant allemand en voyage.

du « Collège » : « *Ah ! bitte !* » (pardon !) *mein Herr !* Et l'agent de police s'en va en se confondant. Il a reconnu l'étudiant...

L'université a sa police indulgente qui réconcilie l'étudiant avec le bourgeois et qui, dans les cas sérieux, met le délinquant au cachot universitaire.

L'étudiant allemand boit beaucoup, mais sa capacité est triple de la nôtre. La bière, qui est excellente, coûte 12 *pfennig* (15 centimes) la chope, et la chope est sérieuse. Le *Kellner* remplit les verres vidés par le consommateur, sans même consulter celui-ci. Quand il rapporte la chope pleine, il la dépose avec sa soucoupe sur la soucoupe du verre précédent. C'est le moyen de contrôler d'un coup d'œil le nombre de verres absorbés. J'ai vu jusqu'à seize soucoupes superposées !

Les gants sont en honneur là-bas; l'étudiant en met toujours quand il se montre en ville (c'est un détail, mais il est caractéristique). Il aime le monde et la danse, il se marie tôt; beaucoup sont fiancés et attendent quatre et cinq ans une union qui est presque toujours raisonnable. Cela indique une constance rare dans nos pays; mais l'Allemand est lourd : quand il se pose, il ne bouge plus.

Chaque étudiant fait partie d'une corporation.

Les corporations qui, selon leur composition, portent le nom de *Verein,* de *Gesellschaft,* de *Corps* ou de *Corporation* (prononcez : *Corporatsiône*), sont les anciennes réunions du moyen âge. Les coutumes des clercs et des « escholiers » se sont conservées d'une façon remarquable. Cela fait penser à Villon et à Pierre Gringoire. Chaque groupe porte un nom, — à Bonn, il y a les *Asiat,* les *Borussen,* les *Felsen,* — et se compose d'un certain nombre d'étudiants appartenant à une même classe sociale. Les *Borussen* sont les nobles. Ils portent le képi de drap blanc brodé de ganse blanche. Ils travaillent; mais, de même que les « noblemen » d'Oxford et de Cambridge, ils mènent grand train; ils ont leur voiture et leur pur-sang; ils fusionnent avec les officiers de la garnison. Pas de dédain. Ils sont affables, ils sont nobles, de la vraie noblesse[1].

1. Les étudiants de Heidelberg sont divisés en cinq corporations ou corps : les Vandales, les Westphaliens, les Souabes, les Rhénans, les Saxons ou Prussiens.

Le château de Rheinstein.

A partir des *Borussen*, les classes descendent l'échelle, tout en gardant dans chaque couche une grande dignité. Les théologiens tiennent le bas. Je remarque qu'ils portent tous des lunettes, — l'uniforme probablement. — Ceux-ci sont plus austères que les autres ; ils ne se battent pas en duel, ils ne boivent jamais après minuit (mais ils boivent probablement plus vite).

Toute corporation se compose d'un président (*senior*), de membres ou compagnons (*bursch*) et de candidats (*fuchs*). Ceux-ci sont comme qui dirait les apprentis, les néophytes, les recrues. Le président — chose rare dans les assemblées — préside. Les *fuchs* sont à sa discrétion. Il peut leur faire faire les choses les plus extravagantes ; ils doivent obéir ; ce sont les épreuves du page qui veut recevoir ses éperons. Au bout d'un certain temps, le *fuchs* monte en grade et devient *bursch*.

Les sociétés générales sont rares ; on ne trouve dans les villes universitaires que des cercles séparés, qui n'ont qu'un but : se réunir pour boire. Peu de sociétés littéraires ou scientifiques.

Chaque corporation a ses deux uniformes. La petite tenue se compose des vêtements usuels, d'une casquette ou d'un béret, petit et plat comme une soucoupe de tasse à café, que les étudiants se mettent sur l'oreille sous prétexte de se couvrir la tête, et d'un ruban aux couleurs de la corporation, qu'ils mettent en sautoir sur le gilet. Le grand uniforme des jours de gala est plus compliqué : soucoupe traditionnelle, grandes bottes de cuirassier, culotte de velours, souvent écarlate, vareuse ou justaucorps de même couleur, baudrier brodé, rapière immense rehaussée de velours.

Lorsqu'un étudiant, ayant achevé ses études, quitte l'université et la société dont il faisait partie, il reste pourtant inscrit au livre d'or du *Verein*, et à certaines époques, tous les anciens, invités par les jeunes, se réunissent... toujours pour boire ! J'ai assisté à l'une de ces réunions. Il y avait là des hommes de soixante ans portant sur leurs cheveux blancs leur béret d'autrefois, défraîchi et démodé ; et ces vieillards chantaient, de leur voix cassée, le légendaire *Gaudeamus*; c'était touchant.

Les corporations d'étudiants tiennent des *kneipe* une ou deux fois par semaine.

La *kneipe* est la réunion bachique. C'est presque une solennité, dont le président est grand prêtre. Elle se passe généralement au local de la société, ou dans l'arrière-salle d'une *restauration*.

Une grande chambre nue; comme ornements, deux bustes, un de l'empereur et un de Bismarck ; parfois quelques gravures enluminées représentant les victoires de 1870 ; une grande table, des chaises solides, un piano généralement bon, et, dans un coin, un tonneau enguirlandé auquel est suspendue une corne creuse montée en métal et retenue par une cordelière aux couleurs de la société.

Lorsque tout le monde est arrivé et que les *bursch* sont attablés, les *fuchs* debout derrière eux, à la table commune, on remplit les verres, la mousse déborde en pétillant, la *kneipe* commence.

Pour amuser la société, le président fait « aller » les *fuchs*; ceux-ci doivent verser à boire, absorber douze chopes de suite, danser à la Vestris, faire des cumulets, faire le tour de la salle à cloche-pied, chanter, raconter une histoire en latin, — aller acheter un timbre d'un *pfennig* au bureau de la poste qui se trouve à une lieue de là : autant de petits supplices qu'ils doivent endurer joyeusement et *trouver drôles*.

Les verres ne peuvent jamais être vides, et même ils doivent toujours contenir de la mousse; si un buveur réfractaire, par une négligence blâmable, laisse l'écume de son verre de bière s'éventer, il paye toute la tournée : ce qui lui coûte quinze francs lorsqu'il y a cent buveurs, et il y en a souvent beaucoup plus. Conclusion : c'est par économie qu'ils boivent tant.

Le ban triomphal se fait avec les chopes. C'est un roulement, d'abord insaisissable, qui s'enfle et grandit jusqu'à ce que le président dise : *Halt!* A ce mot, brièvement accentué, tout bruit cesse comme par magie. Chose étonnante : dans ce mouvement des verres, qui nécessite une grande habitude, pas une goutte de liquide ne s'échappe; cela tient du Robert Houdin [1].

Une autre coutume est celle de la corne creuse. Ce récipient énorme contient plusieurs litres de bière; il passe de main en main à la ronde, chacun y boit et celui qui hérite de la dernière gorgée paye le contenu absorbé.

Vers le milieu de la soirée, les chansons, les *speachs,* les toasts, les cris d'animaux vont leur train; puis, à mesure que les têtes s'échauffent, les distractions se compliquent; la principale est la course à cheval sur les chaises; les poutres des plafonds inférieurs gémissent, les planchers craquent, ça ne fait rien, toute la bande galope à califourchon sur ces pauvres sièges qui n'en peuvent mais. Allez toujours! hop! hop! hop!... un vrai sabbat.

L'étranger est toujours bien reçu à la *kneipe,* mais malheur à lui s'il ne sait pas boire! il en sortira, Dieu sait comme! Puis il doit payer son hospitalité par une chanson.

1. Cet exercice se nomme un « salamandre ». Faire un ban, c'est « broyer un salamandre »; *ein Salamander reiben.*

Chaque étudiant possède un *Liederschatz* ou recueil de chansons, dans lequel se trouvent les couplets usuels. Les étudiants du Rhin en ont de particuliers, parmi lesquels « Sur le Rhin » (*am Rhein*), paroles de Claudius (1775); « la Coupe de vin du Rhin » (*der Rheinweinzecher*), paroles de Müchler, et le chant national, « la Garde au Rhin » (*die Wacht am Rhein*), paroles de Max Schneckenberger (1840). Dans une de ces vieilles chansons se trouve un curieux éloge de la bière : *Crambambuli.* Parmi les couplets qui la composent, s'en trouve un dont une partie est en français :

Wær ich zum grossen Herrn geboren
Wie Kaiser Maximilian,
Wær mir ein Orden auserkoren
Ich hængte die Devise dran[1] :
« Toujours fidèle et sans souci.
C'est l'ordre du Crambambuli. »

Et il faut entendre la façon dont ils vous chantent :

« Touchours fitèle et sans souci
C'est l'ortre tu Crampampouli. »

Il y en a une foule comme cela, qui ont toutes le même cachet moyen âge; plusieurs (*Tischlied;* — *Bundeslied;*

1. Si j'étais né grand seigneur,
Comme l'empereur Maximilien,
Si j'obtenais une décoration,
J'y suspendrais cette devise :
« Toujours fidèle, etc. »

Fidèle veut dire en allemand gai, joyeux. Ces mots français qui émaillent les locutions germaniques ont les significations les plus drôles. On dit : il a une position *brillant,* il a un habit *brillant,* il est instruit, *bril-*

— *Vanitas, vanitatum vanitas*), sont de Gœthe; le *Chant de la mort* (*der Tod*) est de Lessing.

Puis vient la série magnifique des chants patriotiques : « la Garde au Rhin » (*die Wacht am Rhein*); l'admirable « Chant de l'épée » (*Swertlied*) de Kœrner, mis en musique par Weber; *der Gute Kamerad* de Uhland; *Feldmarschall Blücher* du patriote Arndt et la triste romance: *O Strasburg!*

Le Rhin est le pays poétique par excellence; la nymphe chante toujours sur le rocher du Loreley et l'on dirait que sa voix capiteuse résonne dans toute l'Allemagne.

L'Allemagne vit dans une débauche de mélodie, et le simple *fuchs,* avec sa chanson à boire, sait communiquer son entraînement sincère et sa bonne grosse gaieté.

Le carnaval allemand est une chose unique et charmante dans une ville universitaire. Les privilèges sont élargis; il est permis d'arrêter les passants et de leur faire payer tribut. — Il est permis même d'entrer dans toutes les maisons, et l'on vous y reçoit très bien.

Les déguisements ne sont pas des costumes de tous les siècles et de toutes les formes : tous les étudiants portent le costume... fantaisiste du paysan endimanché : culottes blanches à petites lignes bleues, bas ou guêtres de toile pareille, sarrau bleu plissé et ouvert sur du linge frais, énorme chapeau en copeaux, à grands bords, posé sur

lant. C'est un homme *solid*, c'est-à-dire, solvable, sûr. Le mot *colossal* est devenu indispensable : Il est *colossal* riche! *colossal* petit! Il est vraiment *imposant*. Les marchands vendent *en gros* ou *détail,* avec *prix fixes;* ils recommandent leurs *Comptoir Utensilien* de toute *Qualitæt* en *Quantitæt* illimitée; ils donnent le reçu *pour acquit*. Ils ont dans leur bureau des *Cases pour Lettres à répondre,* etc.

un bonnet de coton artistement collé sur la tête et dont la floche légendaire est remplacée par un flot de rubans clairs ; au chapeau, des rubans pareils ou des fleurs. Avec cela, des gants glacés blancs et un bâton au bout duquel est suspendue, par un petit fil d'archal, une vessie gonflée, dont vous soupçonnez sans doute l'usage meurtrier. Gare au chapeau de haute forme qui s'aventure dans les rues ce jour-là ; il sera, en dix minutes, transformé en accordéon.

Ce costume dont le luxe, par les bijoux, les rubans, les tissus, peut varier à l'infini, est très gracieux quand il est bien porté. Les masques sont ou de simples loups de satin ou des moulures drôlatiques représentant des têtes de Polichinelle, de Pierrot, d'Arlequin, de Jocrisse, etc.

Malheureusement, il y a eu des bagarres sous masque, des personnes blessées, un étudiant tué, sans qu'on pût retrouver les coupables, et depuis quatre ans, à Bonn, on interdit le masque.

Le soir, il y a partout de grands bals costumés qui sont d'un délicieux coup d'œil. Au lieu de croque-morts en « sifflet », ce sont des mariés de village qui font valser les marquises Louis XV, les Carmen, les Marie Stuart, les duchesses de Gérolstein, les odalisques, les reines... C'est très pittoresque.

Le second jour du carnaval, a lieu une cavalcade organisée par la garnison. Tous les soldats, costumés en gardes de Frédéric II, défilent sur la grand'place et dans les rues en jouant du fifre et du tambour. Des voitures découvertes remplies de masques et des groupes d'étudiants forment la suite. Les pétards claquent, les fusées s'épanouissent, les mirlitons bourdonnent ; les castagnettes, les cri-cri, les trompettes, les crécelles, les tambourins, les grosses caisses, les flûtes font un charivari assourdissant; les étudiants font des farces, les bourgeois fulminent, les chapeaux, aplatis par des mains mystérieuses, s'effondrent, et l'on s'amuse, et l'on rit et... l'on boit! oh! l'on boit des fleuves de bière, des rivières de *rheinwein,* des ruisseaux de « champagne ». La nuit du carnaval, les rues sont jonchées de bruyants dormeurs; on dirait un champ de bataille; les agents de police rangent gravement tout ce monde contre les trottoirs; cela fait songer à Alphonse Karr rangeant ses tulipes.

L'étudiant allemand s'est généralement battu plusieurs fois en sa vie en duel. C'est en vain que l'on a essayé de réagir contre cette « coutume barbare ». L'usage est comme ces rochers antiques qui bravent la vague et la rafale; le duel universitaire est de cette trempe. Il date d'un temps oublié, c'est une tradition, et l'étudiant allemand tient à ses traditions.

J'ai assisté, à Bonn, à un de ces duels. Cela se passait, hors des murs de la ville, sur la *Sandplatz* (Plaine de sable)[1].

Des fiacres amènent sur le pré les deux duellistes, quatre témoins et deux élèves en médecine.

L'arme usuelle est la rapière à lame plate (*schlag*); le fleuret et l'épée sont presque inconnus : c'est quelque chose.

On ne peut toucher que la tête, et les coups de pointe sont défendus; le cou, les bras, le corps sont protégés par des plaques de cuir; les yeux, par de fortes lunettes treillagées.

On mesure les armes, les combattants se placent à une distance déterminée, derrière chacun d'eux se trouve

1. A Heidelberg, les duels ont lieu à la *Hirschgasse,* petite gorge en amont du Neckar.

un étudiant armé d'une rapière avec laquelle il pare les coups qui sortent du cercle prescrit. Si l'on se perfore, cela ne compte pas! A droite un témoin, à gauche un témoin, tous deux munis d'un carnet dans lequel ils notent les coups.

Le signal est donné par le premier témoin ou *impartial*; son « partner » lui répond :

Premier témoin : *Bindet die Klingen!* (En garde! — littéralement : Liez les épées.)

Second témoin : *Gebunden sind!* (C'est fait! — littéralement : Elles sont liées.)

Premier témoin : *Ein! zwei! drei!*

Second témoin : *Los!* (Lâchez tout!)...

On entend un cliquetis, on voit briller quelque chose et une traînée rouge cingle une joue... *Halt!*

L'homme de science (!) s'approche, examine et constate si la blessure est suffisante...

« Le duel doit durer quinze minutes, et l'on décompte les pauses pendant lesquelles les secondants promènent autour du pré les champions tout fumant de sueur, comme l'on promène les chevaux après les courses. Lorsqu'il est porté un coup contraire aux règles du tournoi, les secondants, armés d'épées, les parent. Ce sont eux aussi qui demandent que l'*impartial* visite le cuir chevelu de l'adversaire, quand ils croient qu'il a reçu une blessure.

« Lorsque les quinze minutes sont écoulées, l'*impartial* s'écrie : *Paukerei ex!* (Le tournoi est fini!) On compte les blessures et l'on a soin d'inscrire dans le livre du corps que monsieur un tel a reçu une balafre avec trois, cinq ou sept épingles, suivant le nombre d'épingles qu'il a fallu pour réunir les bords de la plaie. C'est le livre d'or de la corporation.

« Ces combats qui, jadis, étaient journaliers et que la

police cherche à empêcher complètement de nos jours, ces combats, dis-je, sont très improprement appelés *duels*, et devraient s'appeler des *tournois*. Les deux adversaires ne sont nullement ennemis ; c'est plutôt un défi et l'on ne risque qu'une balafre à la figure, le reste du corps étant préservé par des plastrons.

« C'est pendant les *kneipen* que se font les provocations.

« Tout à coup le silence se fait. L'on annonce un envoyé d'une autre corporation. Il est introduit et va s'asseoir à côté du *senior*. On lui offre une chope de bière, il trinque et boit. Puis il se lève et déclare que sa corporation a désigné messieurs tels et tels pour se battre le lendemain avec ceux des *corburschen* et des *füchse* que le *senior* voudra bien désigner. Le *senior* alors prend la liste où se sont inscrits les membres de la corporation qui veulent se battre. Il les désigne par rang d'ancienneté d'inscription, et rendez-vous est pris pour le lendemain[1]. »

Les corporations ont cela de bon qu'elles sauvegardent la moralité. La casquette et le ruban sont à l'étudiant ce que la cocarde tricolore est au soldat ; il ne peut les traîner dans les bas-fonds, sous peine de décadence et de dégradation. Dans son livre sur l'Allemagne, presque entièrement consacré à l'étude des universités, le P. Didon dit que, pour connaître l'âme de l'Allemagne, il faut regarder vivre ce peuple remuant que l'université attire, qu'elle recrute dans toutes les classes de la nation, qu'elle met en rapport d'égalité fraternelle absolue. Le culte supérieur de la science, sans détruire les distinctions natu-

1. Le *Réveil*.

relles de la naissance ou de la fortune, crée au-dessus d'elles une unité plus haute où les plus intelligents et les plus laborieux occupent la première place. Et quand, au jour de quelque fête universitaire, cette jeunesse, à l'air martial, défile en rangs pressés sous les bannières de ses vingt corporations, escortant ses maîtres, le peuple se met aux fenêtres, comme au jour des parades, des grandes revues militaires, et il n'est pas moins fier de contempler la jeunesse.

« L'Allemagne, ajoute le P. Didon, est aujourd'hui la terre classique des universités. On trouve ailleurs des écoles élémentaires, des collèges, des lycées, des écoles professionnelles, des écoles spéciales, des cours de hautes études politiques, des facultés même que l'Allemagne peut envier; mais on ne montrera nulle part des universités pareilles aux siennes. L'empire en compte aujourd'hui vingt-deux ; treize en Prusse et dans les duchés ou provinces qu'elle s'est annexés : Berlin, Bonn, Braunsberg, Breslau, Fribourg, Greiswald, Halle, Heidelberg, Kiel, Kœnisberg, Marbourg, Münster, et Rostock ; une en Saxe : Leipzig ; une dans le duché de Saxe-Cobourg-Gotha : Iéna ; une dans le grand-duché de Hesse : Giessen ; trois en Bavière : Munich, Würtzbourg, Erlangen ; une dans le Wurtemberg : Tübingen ; une dans le Hanovre : Gœttingen ; une en Alsace : Strasbourg.

« Ces vingt-deux universités sont autant de centres actifs où la science est en perpétuel mouvement. Elles supposent un état-major de plus de deux mille maîtres et une armée de plus de vingt-cinq mille travailleurs. L'identité d'organisation et la fraternité qui règne entre toutes les universités de l'empire permettent aux étudiants de passer d'une université à l'autre, de venir écouter à Berlin, à Leipzig, à Munich, à Halle ou à Tübingen les maîtres les plus renommés et de faire le tour de la patrie allemande, comme les compagnons du devoir, chez nous, qui vont d'atelier en atelier, faisant ce qu'ils appellent leur *tour de France.*

« Telle est, en Allemagne, la vitalité des institutions universitaires, tel est le culte du devoir, que l'université se suffit à elle-même et peut à elle seule, par la force des intérêts qu'elle groupe, créer une ville.

« Comme il y a des villes industrielles et d'autres artistiques, des villes militaires et d'autres d'un caractère tout religieux, des villes maritimes, commerciales et d'autres manufacturières, il y a, au delà du Rhin — trait caractéristique — des villes uniquement universitaires : Gœttingen, Iéna, Tübingen, par exemple.

« C'est dans de telles villes qu'il faut séjourner, si l'on veut voir de près et sans mélange le tourbillon pacifique de la vie intelligente dans la jeunesse libérale de l'Allemagne.

« A Berlin, à Vienne, comme à Paris, l'activité scientifique, quoique très puissante, se perd dans le bruit et l'agitation de la vie universelle; on entend mieux les éclats bruyants de ceux qui s'amusent, ou les efforts douloureux de ceux qui se consument pour vivre, que le profond murmure des pensées en travail; on est plus distrait par le jeu des intrigues mondaines ou des ambitions politiques que par le persévérant et savant labeur de l'homme aux prises avec l'inconnu, gagnant des victoires sur l'ignorance et l'erreur et formant en silence les disciples qui marcheront, après lui, dans le chemin de la lumière; l'esprit ne connaît bien que ce qu'il peut voir isolé et se détachant, en relief, dans un horizon tranquille. »

IV

LE RHIN ET SES BORDS. — HOCHE ET MARCEAU

« Il est difficile à nous autres Français, a dit un grand voyageur, de comprendre quelle vénération profonde les Allemands ont pour le Rhin. C'est pour eux une espèce de divinité protectrice qui, entre ses carpes et ses saumons, renferme dans ses eaux une quantité de naïades, d'ondines, de génies bons ou mauvais, que l'imagination poétique des habitants voit, le jour, à travers le voile de ses eaux bleues, et la nuit, tantôt assises, tantôt errantes sur ses rives. Pour eux, le Rhin est l'emblème universel; le Rhin, c'est la force; le Rhin, c'est l'indépendance; le Rhin, c'est la liberté! Le Rhin a des passions comme un homme, ou plutôt comme un dieu. Le Rhin aime et haït, caresse et brise, protège et maudit. Pour l'un, ses eaux sont un doux lit d'algues et de roses, où le vieux père des fleuves, tout couronné de roseaux, et tenant une urne renversée, comme un dieu païen, l'attend pour lui faire fête. Pour l'autre, c'est un abîme sans fond, peuplé de monstres hideux à voir, et pareil au gouffre qui engloutit le pêcheur de Schiller. Pour celui-ci, ses eaux sont un miroir poli, sur lequel il peut marcher comme le Christ, pourvu qu'il ait plus de foi que saint Pierre ; pour celui-là, son cours est tumultueux et irrité comme celui de la mer Rouge engloutissant Pharaon. Mais, de quelque façon qu'il soit envisagé, c'est un objet de crainte ou d'espérance, principe de vie et de mort. »

Le Rhin est surtout le symbole du patriotisme allemand. En 1870, lors de la déclaration de guerre, le cri qui retentit à travers toute l'Allemagne fut : *Au Rhin!* Et c'est en chantant la *Sentinelle sur le Rhin* — cette *Marseillaise* germanique — que les Allemands coururent se ranger sous les drapeaux.

Avant l'annexion de l'Alsace et de la Lorraine, le Rhin était une frontière, il séparait les deux nations; c'est pourquoi le patriotisme allemand avait placé sur les bords du fleuve « la sentinelle qui veillait ». Et lorsque les armées allemandes traversèrent le fleuve sacré, elles jetèrent aux échos ces strophes du nouveau chant du Rhin :

Sur le Rhin, sur le Rhin — Poussent nos vignes. — Que Dieu protège le Rhin! — Ainsi chantons-nous, en élevant nos coupes — Remplies de vin allemand. — Sur le Rhin, sur le Rhin poussent maintenant les lauriers. — Le Français court aux armes. — Aux armes! Allemands, cavaliers, courez à vos montures! — Voilà assez d'outrages. — Désormais la mode de France — Ne doit plus être le modèle de l'univers. — Guerre à la France, dussent d'une mort héroïque — Tomber nos jeunes guerriers! — Que la trompette du jugement — Fasse retentir ce cri : « Va-t'en, homme de Décembre! » — Dehors le Corse et sa race! — Brandissez, soldats, vos glaives allemands! — Jusqu'à ce que les bouches allemandes, — A Notre-Dame, chantent avec allégresse le *Te Deum*.

« Aujourd'hui encore, dit M. Grube, dans son *Recueil*

La mort de Marceau.

de lectures géographiques pour les écoles, — aujourd'hui encore, quand dans notre chant national retentit la phrase : *Au Rhin! au Rhin!* les verres s'entre-choquent, la main allemande cherche une main allemande, et tous ceux qui sont là, au nom du fleuve, s'unissent comme des frères. Oui, le Rhin est un fleuve sacré, et ses bords sont la patrie de l'Allemand, le foyer de la culture allemande. Ce qu'est le Gange pour les Hindous, le Rhin l'est pour les Allemands. La religion, les arts, la civilisation, se sont répandues de ses bords sur notre patrie, et c'est pourquoi notre devoir est de donner notre vie pour assurer la liberté de ses rives. »

La Prusse ne s'est pas contentée de mettre le fleuve sous la protection de ses citadelles et de ses monitors, elle l'a mis également sous la garde de ses grands hommes. La statue de Stein a précédé celle de M. de Bismarck à Cologne, et domine les coteaux ensoleillés du Rhin. En 1815, Stein, auquel le chancelier actuel de l'empire est souvent comparé, écrivait dans le *Mercure du Rhin,* en parlant de l'armée française : « Il faut exterminer cette bande de cinq cent mille brigands... Il faut déclarer la guerre à toute la nation et mettre hors la loi tout ce peuple sans caractère, pour qui la guerre est un besoin. *La France partagée ou l'esclavage de l'Europe,* voilà notre alternative. Si nous avons de justes motifs pour vouloir que Napoléon disparaisse de la scène politique comme prince, nous n'en avons pas de moins grands *pour anéantir la France comme peuple.* »

On a aussi élevé sur le Niederwald un monument national en souvenir de la dernière campagne, et qui est le pendant à la colonne de la Victoire à Berlin.

Rendons hommage aux bateaux à vapeur du Rhin : ce

sont de magnifiques hôtels flottants qui ont trouvé le dernier mot de l'élégance et du confort. L'ameublement des salons est somptueux : des tapis, des glaces, des dorures ; un piano qui invite à la valse, une bibliothèque choisie ; les *Ober-Kellner* (premiers sommeliers) et les *Unter-Kellner* (seconds sommeliers), relativement, polis. La société qu'on trouve réunie sur le pont est très mélangée, et aussi curieuse à observer que les admirables paysages qui défilent sous les yeux avec la précision de bataillons prussiens.

Une cinquantaine de personnes étaient montées en même temps que moi à Bonn, sur le pont de la *Germania*. Je reconnus à leur costume quelques *révérends* anglais ; tout le reste appartenait par la langue, par les mâchoires et par les pieds, à la noble nation qui doit un jour, comme a dit M. le député Lœwe, de Berlin, « parcourir le monde, pour lui apporter la civilisation et l'idée de la *beauté* ».

En France, on ne se figure l'Allemande authentique qu'avec des cheveux blonds comme les blés et des yeux bleus comme les myosotis. Il est vrai que Mme de Staël a dit, dans cet admirable pamphlet contre la France qui s'appelle *de l'Allemagne*[1] : « Les femmes allemandes ont un charme qui leur est tout à fait particulier, un son de voix touchant, des cheveux blonds, un teint éblouissant. » Les cheveux blonds ont passé à l'état de cliché. Il suffit cependant de jeter les regards sur une réunion de femmes allemandes pour voir que les blondes ne sont pas en majorité. Les Berlinoises, les Hambourgeoises, les

1. Les Allemands eux-mêmes ont peine à se reconnaître dans le portrait si flatté que Mme de Staël a fait d'eux-mêmes ; ils considèrent ce livre comme de pure fantaisie. « Ce n'est pas, on le sait, dit Quinet dans un beau livre publié en 1838, ce n'est pas une peinture exacte et méthodique. Pas un objet n'est dépeint tel qu'il est dans la *réalité ;* il est vu avec trop d'*adoration* pour cela. »

femmes qui habitent les anciennes contrées slaves au delà de l'Elbe, ont en général les cheveux et les yeux noirs. Dans le Sud, où le caractère est lymphatique, c'est le blond qui domine.

Statue de la *Germania*, au Niederwald.

Notre *steamboat* avait dépassé les ruines des anciens châteaux de Kœnigswinter, de Petersberg, de Niederberg, de Wolkenburg, du Drachenfels. On connaît la légende de ce dernier, le château du rocher du Dragon. Dans son voisinage on voit une caverne profonde, dans laquelle un dragon de l'époque venait se mettre en villégiature, comme M. de Bismarck, dragon de l'empire, va s'y mettre à Varzin. Ce monstre avait naturellement un appétit monstrueux, et il dînait d'un homme comme l'ogre de Varzin déjeune d'une province. Un matin, en sortant de son antre, il trouva une belle jeune fille que les chevaliers-brigands du burg avaient liée à un arbre. Il se réjouissait déjà de mordre à belles dents dans cette chair blanche; mais, au moment où il ouvrit la gueule, la jeune captive tira un crucifix de dessous ses vêtements et le présenta au dragon, qui recula épouvanté et tomba dans le Rhin, où il se noya.

Le rocher de Roland s'élève presqu'en face du rocher du Dragon.

L'histoire poétique du héros de Roncevaux est si touchante, qu'on trouve à la redire un charme toujours nouveau.

Charlemagne avait appelé auprès de lui, à Aix-la-Chapelle, son neveu Roland. Fatigué bientôt de son inaction, le jeune chevalier s'en alla le long du Rhin, à la recherche d'aventures. Un soir qu'il avait parcouru une longue route et qu'il était rompu de fatigue, il aperçut, en face du Drachenfels, un beau castel qui reflétait ses tours dans le Rhin. Il s'approcha des fossés et sonna du cor. Le pont-levis s'abaissa.

— Je suis Roland, dit-il, et l'empereur Charlemagne est mon oncle.

— Soyez le bienvenu chez le burgrave Héribert, lui répondit le capitaine des gardes.

On conduisit le chevalier auprès du burgrave, qui était

justement en train de souper en tête à tête avec sa fille, la belle Hildegunde.

Héribert se leva pour aller au-devant de Roland ; Hildegunde se leva aussi, émue et rougissante.

Le burgrave offrit à son hôte la place d'honneur et ordonna à sa fille de prendre le hanap et la coupe d'or pour lui verser à boire ; Hildegunde trembla si fort qu'elle répandit la moitié du vin.

Quelques jours plus tard, un messager de l'empereur se présenta au château, et demandant Roland, il lui annonça que son oncle le rappelait immédiatement pour aller combattre les Sarrasins d'Espagne.

— Je partirai demain, dit Roland.

Le soir, il descendit à la chapelle ; quel ne fut pas son étonnement d'y rencontrer Hildegunde qui pleurait !

— Vous pleurez ? lui dit-il ; et deux larmes silencieuses coulèrent aussi le long de ses joues.

— Oui, je pleure votre départ, dit la jeune fille.

Roland s'agenouilla à côté d'elle, prit sa main, et lui dit à demi-voix :

— Hildegunde, je jure ici, devant la Vierge, que je n'aurai point d'autre femme que vous.

Hildegunde dit à son tour :

— Que Dieu entende mon serment : je ne serai qu'à vous, ou à lui !

Le lendemain, au lever du jour, un cavalier descendait les pentes abruptes de la montagne, et à une fenêtre du château une main blanche agitait un mouchoir.

Une année s'écoula ; la guerre contre les Sarrasins était heureusement terminée, et Roland avait repris le chemin de la France en hâtant le pas de son coursier. A Roncevaux, son arrière-garde fut surprise par les Vascons ; seul, il soutint le choc contre un ennemi nombreux.

Blessé, et se sentant mourir, il sonna de son cor d'ivoire pour appeler l'empereur à son secours; celui-ci fut sur le point d'accourir, mais le traître Ganelon l'en empêcha; Roland brisa alors son épée et s'évanouit, baigné dans son sang.

Le bruit de sa mort se répandit partout; les poètes la chantèrent et Hildegunde, fidèle à son serment, entra dans un monastère pour se consacrer à Dieu.

Un jour que le vieux burgrave Héribert descendait de son château, il rencontra un cavalier dont la monture était couverte de sueur et de poussière; il lui demanda où il se rendait en si grande hâte. Le cavalier crut reconnaître le son de cette voix, et, levant la visière de son casque :

— Ne me reconnaissez-vous pas? lui dit-il.

— Roland! s'écria le vieillard sur le point de défaillir.

Roland mit pied à terre; il raconta comment il avait été recueilli après le combat par des pâtres et miraculeusement rappelé à la vie.

Le vieux burgrave s'appuya sur son bras pour rentrer au château.

Pas un mot ne fut échangé pendant tout le trajet; mais, quand ils eurent franchi le pont-levis, le vieillard dit tristement à Roland :

— Vous voyez, je suis seul.

— Hildegunde est morte? demanda Roland d'une voix étouffée.

— Oui, murmura le burgrave, morte pour moi, morte pour vous : elle ne vit plus que pour Dieu.

Roland se souvint alors du serment que Hildegunde avait fait dans la chapelle.

— Elle pleure votre mort et porte votre deuil, ajouta Héribert.

Château de Stolzenfels.

Roland quitta le soir même le château, en laissant son cheval et ses armes; il s'en alla à l'aventure dans la montagne et erra toute la nuit; à l'heure de matines, une petite cloche frappa doucement son oreille, et, pour mieux entendre cette voix qui sortait de la solitude et semblait lui parler, il s'assit sur une pierre et attendit l'arrivée du jour. Quand les vapeurs qui couvraient le Rhin furent dissipées, il vit à ses pieds, au milieu d'une île verdoyante, un monastère aux blanches murailles, d'où un chant de femmes montait harmonieusement vers le ciel. Parmi ces voix, il lui sembla qu'il y en avait une plus caressante et plus jeune, qui pénétrait jusqu'au fond de son âme.

— C'est elle ! s'écria-t-il tout à coup en se levant; c'est elle ! ô ma fiancée, je reconnais ta voix !

Et il resta toute la journée à la même place, les yeux fixés sur le monastère, l'oreille tendue à tous les bruits qui montaient de la vallée et qu'apportait le vent; et il résolut de finir ses jours sur ce roc désolé, et de se creuser un ermitage d'où il pourrait voir le couvent et entendre la voix de Hildegunde.

Mais un an après, à pareil jour, la voix cessa de se faire entendre, et la cloche du monastère sonna le glas.

Roland se coucha alors sur le seuil de son ermitage, et, quand il aperçut le lendemain un cercueil porté au cimetière, il ferma les yeux pour ne plus les ouvrir, et des pâtres qui passaient recueillirent son cadavre.

A Niederbreisig, les rives du Rhin se resserrent, des rochers s'élèvent à droite et à gauche, et c'est là que commence l'étalage de toute cette bimbeloterie de vieilles ruines raccommodées et remises à neuf, restaurations bâtardes d'une abominable laideur. Ces fières tourelles, ces hauts donjons ressemblent à des casques sous lesquels grimacent des borgnes, des chassieux et des éclopés. Grâce à la manie allemande de reconstruction et d'imitation, le Rhin a perdu ici le caractère grandiose et sauvage qui était sa beauté; le fleuve des chevaliers est devenu le fleuve des épiciers.

Les châtelains du Rheinecke et de l'Arenfels se font la barbe sur leur donjon et y étendent au soleil leur chemise de flanelle. Les châtelaines se montrent toutes blanches de poudre de riz aux créneaux où l'on voyait encore, au siècle dernier, des figures toutes noires de poudre; elles chevauchent sur des bidets asthmatiques; et si les minnesingers[1] s'avisaient de revenir avec leur chevelure inculte et leurs chausses endommagées par un long voyage, elles les feraient mettre à la porte, sous prétexte que la mendicité est interdite.

Le moyen âge germanique n'était pas si farouche que ses sombres ruines le font supposer.

Aussitôt que le veilleur avait, du haut de la tourelle, signalé l'approche d'un voyageur, les maîtres de céans s'apprêtaient à le recevoir avec des égards pleins de courtoisie. Dès qu'il était descendu de cheval, les dames de la maison l'introduisaient dans le vestibule d'honneur, le débarrassaient de sa lourde armure et le revêtaient d'un habillement léger et propre; on lui offrait ensuite à boire et on le menait au bain. Il en sortait pour rejoindre la famille et se mettre à table avec elle. Il occupait la place d'honneur, en face du maître de la maison. A côté de lui s'asseyait la femme ou la fille du seigneur pour lui verser à boire et lui passer les plats. Quand ve-

1. Troubadours allemands.

nait l'heure de se coucher, on l'accompagnait dans sa chambre pour veiller à ce qu'il ne manquât de rien.

A partir de Neuwied, les montagnes s'abaissent et se transforment en collines chargées de pampres.

Dans une de ses ballades, le poète Geibel nous montre Charlemagne sortant la nuit, chaque automne, de son caveau d'Aix-la-Chapelle pour venir bénir les vignes du Rhin. « Et c'est nous, s'écrie le poète, qui remplissons les verres et buvons avec la liqueur dorée l'enthousiasme allemand et le courage allemand ! »

Neuwied est une ville jeune et jolie, qui mire coquettement dans les flots bleus ses façades blanches; la colline qui monte derrière elle la couronne de pampres verts, et les peupliers que le vent balance sur son front la rafraîchissent comme de grands éventails agités par le vent. Neuwied murmure encore doucement aux oreilles françaises les noms héroïques de Jourdan et de Hoche. C'est en cet endroit que les deux généraux franchirent le Rhin. En face de Neuwied, on aperçoit au milieu des arbres un mausolée de forme antique, surmonté d'une pyramide tronquée : les soldats y ont gravé ces mots en souvenir de leur général bien-aimé :

L'ARMÉE DE SAMBRE-ET-MEUSE
A SON GÉNÉRAL EN CHEF HOCHE

Hoche est mort à vingt-neuf ans, dans le village de Wetzlaer, où il avait son quartier général, après avoir culbuté les Autrichiens qui l'attendaient sur les hauteurs de Neuwied. On prétend qu'il a été empoisonné.

Un peu au delà de Neudorf, on aperçoit les premières fortifications de Coblentz : les collines prennent des allures belliqueuses, elles ont des surgissements subits, des mouvements fiers et hautains. La citadelle d'Ehrenbreitstein se dresse sur son rocher et semble menacer la terre et le ciel.

La Moselle, qui se jette dans le Rhin à l'entrée de Coblentz, conserve pendant longtemps encore la couleur d'émeraude de ses flots, comme si elle refusait de mêler ses eaux françaises aux eaux allemandes.

Coblentz est une des villes les plus pittoresques des bords du Rhin; sa situation, au confluent du Rhin et de la Moselle, en fait tout à la fois un séjour charmant et une place de guerre de premier ordre. Ses maisons se déploient en amphithéâtre, au milieu de la verdure : de loin, on dirait un troupeau de blanches brebis couchées sur le versant de la colline.

Le touriste qui ne cherche que des impressions artistiques a vite parcouru Coblentz; la maison de l'ordre Teutonique, l'église de Saint-Castor, qui date du onzième siècle et dans laquelle se tinrent plusieurs conciles, l'église de Saint-Florin, tels sont à peu près tous les monuments de l'ancienne *Confluentia* des Romains. Le château archiépiscopal a été converti en une fabrique d'ustensiles de fer-blanc. Là où se faisaient des évêques, on fait des casseroles et des poêles à frire. Vis-à-vis on remarque un vieux pont qui traverse la Moselle sur douze arches à plein cintre, armées d'éperons qui déchirent la robe veloutée de la rivière. Deux tours carrées, percées de meurtrières, couronnées de créneaux, avec des tourelles de guet, défendent l'entrée de ce passage, qui remonte à l'archevêque Baudoin de Luxembourg. Baudoin agrandit Ehrenbreitstein et chassa de tous les burgs environnants les chevaliers et les hauts barons qui y exerçaient la profession lucrative que les Prussiens ont reprise aujourd'hui.

Au delà du pont, on voit dans un jardin la pyramide de pierre qui indique la tombe de Marceau. On y lit l'inscription suivante :

ICI REPOSE MARCEAU, NÉ A CHARTRES, D'EURE-ET-LOIR,
SOLDAT A XVI ANS, GÉNÉRAL A XXII ANS.
IL MOURUT EN COMBATTANT POUR SA PATRIE,
LE DERNIER JOUR DE L'AN IV DE LA RÉPUBLIQUE FRANÇAISE.
QUI QUE TU SOIS,
AMI OU ENNEMI DE CE JEUNE HÉROS,
RESPECTE SES CENDRES !

Dans son pèlerinage sur les bords du Rhin, Childe-Harold, à la vue de cette tombe, salue ainsi Marceau : « Hélas ! sa carrière fut courte et glorieuse ! On vit deux armées suivre ses funérailles; on y vit pleurer ses amis et ses ennemis ! Que l'étranger s'arrête auprès du monument, et y prie pour le repos de cette âme valeureuse. Marceau fut le champion de la liberté et du petit nombre de ceux qui n'abusèrent pas du pouvoir terrible qu'elle donne aux hommes qui prennent les armes en son nom ; Marceau avait conservé la pureté de son âme, et il fut pleuré. »

Dans une note, Byron raconte qu'il coucha dans la chambre à la fenêtre de laquelle Marceau s'était placé pour observer, à la clarté de la lune, les progrès du siège d'Ehrenbreitstein, lorsqu'un boulet vint frapper au-dessus de sa tête.

L'histoire de Marceau est une épopée; écoutons Alexandre Dumas :

« C'était le 1er septembre 1791. Le conseil militaire et le conseil civil étaient assemblés à l'hôtel de ville de Verdun : car la ville était assiégée par les Prussiens, et le commandant Beaurepaire avait manifesté hautement l'intention de se défendre, et les bourgeois celle de capituler. Il y avait plus, la populace avait déjà pillé les magasins de la garnison, dès le premier jour de l'investissement, qui était la surveille, c'est-à-dire le 30 août.

« En effet, le 30 août, dès le matin, la ville de Verdun, en se réveillant, avait vu une partie de l'armée prussienne campée sur les hauteurs de la côte Saint-Michel, situées à deux mille pas de Verdun à peu près et qui dominent la ville; une autre partie de l'armée était arrivée la veille entre Fleury et Grand-Bras ; le corps d'avant-garde du prince Hohenlohe Kerkerg était à Belleville, c'est-à-dire à moins d'une demi-heure ; Clairfaix était à Marville reconnaissant Montmédy et Juvigny; enfin le duc de Brunswick et le roi de Prusse en personne avaient leur quartier général à Grand-Bras, sur la rive droite de la Meuse, à une lieue à peu près de la ville : le tout formant 40 à 50,000 hommes environ.

« Verdun, de son côté, avait pour gouverneur militaire un des plus braves officiers de l'armée : c'était le commandant Beaurepaire. Elle avait une garnison de 3,500 hommes, pris parmi les plus braves de nos jeunes troupes républicaines. Elle avait dix bastions liés entre eux au moyen de courtines, couvertes par des tenailles et des demi-lunes, des fossés profonds, quelques ouvrages à carnes et à couronne. Plus, une citadelle composée d'un pentagone irrégulier et entouré d'une fausse frise. Ce n'étaient point là des fortifications de premier ordre, mais c'était tout ce qu'il fallait pour arrêter l'armée ennemie pendant quelque temps; or chaque minute qui retenait les alliés loin du cœur de la France était une minute précieuse et qui ne pouvait se payer par trop de sang : car elle donnait une minute de plus à l'Assemblée législative pour organiser la défense de la patrie.

« Tel était donc l'état des choses lorsque, le 31 août, les alliés ayant jeté un pont sur la Meuse, le général Kaltkreuth la traversa avec la brigade Wittingoff, deux bataillons et quinze escadrons, et par la position qu'il prit compléta l'investissement. Le même jour, à dix heures du matin, le roi de Prusse fit faire à la ville sommation de se rendre; la réponse de Beaurepaire, comme on devait s'y attendre, fut négative.

« Aussitôt que le refus fut connu, une sourde rumeur courut par les rues; l'esprit de la ville était royaliste, et à cet esprit venait se joindre, comme un puissant auxiliaire, la peur qu'un siège, en détruisant une partie de la ville, ne ruinât ceux sur lesquels tomberait le dommage. Les citoyens, qui ne devaient regarder que du côté de la patrie, comptèrent leurs trois mille cinq cents défenseurs; puis, reportant les yeux vers l'armée qui les étreignait, ils la virent douze fois plus forte qu'eux. Et, tandis que les républicains étaient prêts à répandre jusqu'à la dernière goutte de leur sang, ils hésitèrent, eux, à compromettre une partie de leur fortune.

« Néanmoins, les dispositions énergiques de Beaurepaire étouffèrent d'abord les premiers murmures. Mais à peine l'ennemi avait-il été informé de la réponse du commandant de Verdun qu'il établit trois batteries : l'une sur les hauteurs de Saint-Michel, l'autre au camp du prince de Hohenlohe, et la troisième au camp du général Kaltkreuth. Du haut de leurs maisons, les habitants de la ville, tout en murmurant sourdement, mais sans oser encore entrer en opposition ouverte, suivaient les terribles préparatifs. A six heures du soir, l'une de ces batteries s'enflamma, les deux autres lui répondirent comme à un signal, et les premiers obus, en se croisant sur la ville comme un réseau de fer, de feu et de fumée, annoncèrent que le moment du dévouement ou de la trahison était venu.

« Le bombardement dura toute la nuit. Pendant la nuit, les citoyens restèrent enfermés dans leurs maisons ; mais, au point du jour, ils sortirent, et, malgré le danger qu'il y avait à rester dehors, ils se rassemblèrent sur la place. Un obus tomba et éclata au milieu de la foule ; plusieurs bourgeois furent blessés.

« Ce fut le signal de la révolte. On alla trouver en tumulte Beaurepaire : on menaça d'ouvrir les portes sans capitulation et de livrer la ville à l'ennemi, si on ne se rendait pas. Beaurepaire fut obligé de convoquer le conseil ; car, à cette époque, un conseil civil et militaire était chargé d'apprécier l'état de défense des places fortes, et le commandant de la place était forcé de se soumettre à ce conseil ; sinon, il devenait passible lui-même d'un conseil de guerre.

« Beaurepaire avait fixé l'ouverture de ce conseil pour six heures du soir ; il s'y rendit donc avec ses officiers dont il était sûr. Mais la majorité était aux bourgeois, et, comme le bombardement avait duré toute la journée et avait amené de nouveaux malheurs, les bourgeois décidèrent à l'unanimité qu'il fallait se rendre. Beaurepaire leur démontra tous ses moyens de défense, répondit sur sa tête que la ville ne serait point prise d'assaut ; mais il eut beau prier, supplier, les bourgeois maintinrent leur décision.

« Alors Beaurepaire se leva, promena un œil de mépris sur l'assemblée ; puis, prenant un des pistolets qui étaient posés sur la table devant laquelle il était assis :

« — Vous êtes tous des lâches et des traîtres, leur dit-il ; déshonorez-vous, mais sans moi. »

« Et il se brûla la cervelle.

« M. de Noyon, le plus ancien lieutenant-colonel, remplaça le commandant. Devant le corps tout sanglant de Beaurepaire on fit entrer le parlementaire prussien, et l'on arrêta une suspension d'armes jusqu'au lendemain matin ; le lendemain matin, M. de Noyon et le général comte Kalkreuth devaient régler les articles de la capitulation.

« Les bourgeois, enchantés d'avoir obtenu ce qu'ils désiraient, se retirèrent en disant que Beaurepaire s'était tué dans un instant de fièvre. Ce fut la version qu'adoptèrent, à cette époque, tous les ennemis de la République.

« La capitulation fut réglée : la garnison devait sortir avec tous les honneurs de la guerre, emportant ses armes, ses bagages, deux pièces de quatre et leurs caissons. Selon l'habitude, c'était le plus jeune officier supérieur de la garnison qui devait la porter au roi de Prusse. On consulta les cadres, et l'on appela Marceau. Alors un jeune homme de vingt-deux ans, aux longs cheveux blonds tombant jusque sur ses épaules, et au teint pâle, portant les épaulettes de chef de bataillon, sortit des rangs, et s'avança pour recevoir la capitulation des mains de M. de Noyon. Mais, avant de la prendre :

« — Mon colonel, dit-il, ne pourriez-vous charger quelque autre que moi de cette mission ?

« — Impossible, dit le commandant ; les lois de la guerre vous désignent, obéissez.

« Alors Marceau tira son sabre du fourreau et le brisa.

« — Que faites-vous ? demanda M. de Noyon.

« — Je ne veux pas, répondit Marceau, qu'il soit dit qu'ayant au côté un sabre avec lequel je pouvais me défendre ou me tuer, j'aie porté à l'ennemi une capitulation qui nous déshonore tous.

« Introduit devant le roi de Prusse, qui le reçut au milieu d'un état-major de princes, de ducs et de généraux, Marceau voulut parler ; mais, aux premiers mots, les larmes lui coupèrent la voix. Le roi voulut le consoler ; mais alors Marceau releva sa belle tête, et, souriant au milieu de ses pleurs avec toute la confiance que la jeunesse a dans l'avenir :

« — Sire, dit-il, il n'y a qu'une seule chose qui console un Français d'une défaite, c'est une victoire.

« Le roi de Prusse s'inclina devant cette douleur, et fit reconduire Marceau avec tous les honneurs que la guerre accorde aux parlementaires.

« Le lendemain, la garnison sortit de la ville emportant, outre ses armes, ses bagages et ses canons, un fourgon dans lequel était le corps du brave Beaurepaire. A Sainte-Menehould, elle se joignit à l'armée du général Galbaut. Marceau avait perdu à ce siège ses équipages, ses chevaux et son argent.

« — Que voulez-vous qu'on vous rende en échange des pertes que vous avez faites ? lui demanda un représentant du peuple.

« — Un autre sabre, dit Marceau.

« Quant à Beaurepaire, l'Assemblée législative le récompensa comme aurait pu faire le sénat de Rome : elle décida que ses restes seraient inhumés au Panthéon ; que sa tombe porterait cette inscription : « *Beaurepaire aima mieux se tuer que de capituler avec les ennemis de la*

France, » et que l'on donnerait son nom à l'une des rues de la capitale. Pendant ce temps, Verdun ouvrait ses portes à l'ennemi, et vingt jeunes filles vêtues de blanc allaient au-devant du roi de Prusse avec des corbeilles remplies de fleurs.

« Deux mois après, le roi de Prusse repassait la frontière en fugitif, et les vingt jeunes filles de Verdun marchaient à l'échafaud.

« Marceau passa avec son grade dans les cuirassiers de la légion germanique, et partit avec eux de Philippeville pour aller combattre les Vendéens; mais, en arrivant à Tours, il se trouva que la dénonciation et la calomnie l'avaient précédé, ainsi que les officiers ses camarades; et tout l'état-major fut arrêté en corps. Mais la dénonciation fut reconnue absurde, et, la veille de la bataille de Saumur, on rouvrit les portes aux prisonniers et on leur rendit leurs épées, dont ils se servirent le lendemain de manière à prouver à la Convention qu'elle avait bien fait d'en agir ainsi.

« La guerre de la Vendée était une guerre terrible et qui tuait vite ceux qui la faisaient; car là on était tué non seulement par le fer et le plomb de l'ennemi, mais encore par les dénonciations des envieux. A peine arrivé sur cette terre fatale, Marceau avait eu à lutter contre la calomnie, qu'on aurait cru cependant n'avoir rien à démêler avec son cœur loyal et sa douce et belle figure : il s'en vengea en faisant des prodiges de valeur à la déroute de Saumur, et en sauvant le conventionnel Bourbotte, qui, démonté, allait être pris, et qu'il mit presque de force sur son cheval, soutenant la retraite, ou plutôt essayant d'arrêter la déroute à pied et un fusil à la main. Bourbotte fit un rapport à la Convention, et Marceau fut nommé général de brigade : il avait vingt-deux ans et trois mois.

« Bientôt Marceau prit sa revanche : désigné par Kléber, son ami, pour commander les deux armées de l'Ouest, il rassembla toutes les troupes dispersées dans leurs différents cantonnements et vint attaquer le Mans, le 12 décembre 1793. Le même jour, les Vendéens sont chassés de toutes les positions extérieures et refoulés dans la ville ; il était cinq heures du soir. Marceau, voyant son armée fatiguée et à demi-portée du canon de la ville, remit au lendemain la bataille décisive ; mais alors arrive Westermann, le général en chef.

« — Que fais-tu ? crie-t-il à Marceau ; tu t'arrêtes au milieu de ta victoire. Profite de la fortune, jeune homme, et marche en avant.

« — C'est jouer gros jeu, dit Marceau en lui présentant la main avec son doux et triste sourire ; mais n'importe, marche et je te suivrai.

« Et aussitôt l'armée tout entière s'élance sur les pas des deux généraux : on joint l'ennemi corps à corps ; mais, comme les rues du Mans sont encombrées, les Vendéens opposent la même résistance qu'opposerait une muraille. Pendant toute la nuit, Marceau attaque, perce, renverse ces remparts vivants, et, au point du jour, les royalistes, rompus de tout côté, après avoir fait de chaque maison une citadelle qu'il a fallu emporter d'assaut, fuient par toutes les portes, laissant dans les rues du Mans plus de trois mille morts et quinze cents blessés ; car, dans cette guerre fatale où tout prisonnier est mis à mort, tout ce qui a pu se traîner a fui.

« Mais, parmi les prisonniers, se trouve une prisonnière : du milieu d'une maison tout en flammes, s'est élancée une jeune fille ; elle a vu Marceau le sabre à la main, et elle est venue mettre son honneur et sa vie sous la sauvegarde de sa loyauté. Marceau a gardé religieusement le double dépôt qui lui a été confié ; aussi, pour prix de sa victoire, est-il dénoncé à la Convention comme ayant soustrait au supplice une femme vendéenne, prise les armes à la main.

« C'était une accusation grosse ; aussi fut-il arrêté ainsi que la jeune Vendéenne. En se séparant d'elle, il lui donna une rose rouge qu'il tenait à la main, au moment où ils avaient été arrêtés tous deux. La jeune fille reçut le don qu'il lui faisait, et le garda précieusement.

« Il y allait de la tête de tous deux ; aussi Bourbotte, qui se souvenait de la déroute de Saumur et du service que Marceau lui avait rendu, prît-il aussitôt la poste et vint-il devant la Convention plaider la cause de son sauveur. Il obtint facilement sa liberté ; mais il n'en fut pas ainsi de la vie de la jeune Vendéenne.

« Le matin même du jour où Marceau devait sortir de prison, elle fut conduite à l'échafaud. Elle y marcha tenant entre ses dents la rose rouge que lui avait donnée le jeune général, et, lorsque le bourreau montra, selon l'habitude, la tête au peuple, cette rose rouge fit croire à beaucoup de personnes qu'elle vomissait le sang.

« Marceau quitta le Mans et revint à Paris. A peine y fut-il que la Convention alla au-devant de ses désirs en lui ôtant le commandement de l'armée de l'Ouest...

« A l'ouverture de la campagne de 1794, Marceau fut envoyé dans les Ardennes, pour prendre le commandement d'une division ; il passa de là à l'armée de Sambre-et-Meuse, resta deux ans dans le Hundsrück et dans le Palatinat, sous les ordres du général Jourdan, entre Kléber et mon père, ses deux meilleurs amis ; enfin il était occupé du siège de la forteresse d'Ehrenbreitstein, lorsqu'il reçut du général Jourdan l'ordre de venir le rejoindre.

« Jourdan était en pleine retraite, et se trouvait acculé

aux défilés d'Altenkirken; il fallait donc arrêter l'ennemi, afin de donner à l'armée le temps de traverser les défilés; ce fut Marceau que le général en chef chargea de cette dangereuse mission.

« Marceau prit le commandement de l'arrière-garde : il était adoré des soldats; aussi, à sa vue, le mouvement rétrograde s'arrêta. L'archiduc Charles crut qu'il était arrivé un renfort aux Français et s'arrêta de son côté. Le soir même, il apprit que ce n'était qu'un seul homme.

« Mais, pendant cette halte, Marceau avait eu le temps de prendre toutes ses dispositions, et, à compter de cette heure, l'armée ne recula plus que pied à pied, et sans que, malgré ses attaques incessantes, l'archiduc Charles pût l'entamer une seule fois. Ce fut ainsi qu'ils traversèrent la forêt de Rossembach; mais, arrivés de l'autre côté de la forêt, un aide de camp de Jourdan vint annoncer à Marceau que l'armée française n'avait point encore achevé de franchir le défilé et qu'il était nécessaire qu'il s'arrêtât et fît tête aux Autrichiens. Le mot : halte ! retentit aussitôt sur toute la ligne, et l'arrière-garde française présenta à l'ennemi un mur de fer; puis aussitôt, ayant jeté les yeux autour de lui pour voir quel parti il peut tirer du terrain, il aperçoit deux mamelons qui dominent la sortie de la forêt; il ordonne de mettre en batterie six pièces d'artillerie légère, fait avancer le gros de ses troupes pour soutenir son arrière-garde, et, pour mieux examiner l'ennemi qui s'avance, part au galop accompagné du capitaine du génie Souhait, du lieutenant-colonel Billy et de deux ordonnances.

« Arrivé jusqu'à la lisière de la forêt, Marceau s'arrête, montrant du doigt à Souhait un hussard de l'empereur qui caracole devant lui. En ce moment, un coup de carabine part à une vingtaine de pas de distance et, au milieu de la fumée qui s'élève d'un buisson, on voit un chasseur tyrolien qui se retire en rechargeant son arme. Marceau vient d'être frappé par une balle de carabine. Il fait machinalement quelques pas en avant, la main sur sa poitrine. Le lieutenant-colonel Billy s'aperçoit qu'il chancelle; il court à lui et le reçoit dans ses bras.

« — Ah ! c'est toi, Billy, lui dit Marceau ; je vois que je suis blessé à mort.

« Jourdan accourt bientôt et se jette en pleurant sur le corps de Marceau; mais Marceau lui dit avec son sourire doux et triste : — « Tu as quelque chose de plus important à faire que de pleurer ma mort; tu as à sauver l'armée. » Jourdan fait de la tête un signe affirmatif, car il ne peut parler; il prend le commandement de l'arrière-garde, et ordonne de transporter Marceau à Altenkirken. L'armée passa le défilé sans être atteinte.

« Le soir, Jourdan rentra à Altenkirken; il fit appeler les chirurgiens, et apprit d'eux que non seulement il n'y avait aucun espoir de sauver Marceau, mais encore que le moindre mouvement hâterait sa mort. Il entra dans la chambre du blessé, et, en le voyant, pâle et mourant qu'il était, calme et souriant comme d'habitude, il ne put s'empêcher de pleurer, lui, vieux soldat des premières guerres, qui avait vu tant d'hommes tomber autour de lui. Marceau fit un effort et tendit la main à ceux qui l'entouraient :

« — Mes amis, leur dit-il, je suis trop regretté. Pourquoi donc me plaindre? Ne suis-je pas heureux? Je meurs pour notre pays!

« Le lendemain matin, il fallut quitter Altenkirken; ce fut l'heure terrible. Il en coûtait à Jourdan de laisser Marceau au pouvoir de l'ennemi; mais il était très évident qu'aucun secours humain ne pouvait le rappeler à la vie. Jourdan écrivit aux généraux autrichiens pour leur recommander Marceau. Puis l'armée française se retira, laissant près du lit mortuaire deux officiers de l'état-major, deux chirurgiens et deux hussards d'ordonnance.

« Deux heures après la retraite de l'armée française, on annonça le général Haddick ; c'était le commandant de l'avant-garde autrichienne.

« Après le général Haddick vint le général Bray, le vétéran de l'armée ennemie.

« Enfin, après le général Bray, pour qu'aucun honneur ne manquât à l'agonie du jeune officier républicain, apparut l'archiduc Charles lui-même. Il amenait son propre chirurgien, afin qu'il unît ses efforts à ceux des chirurgiens français.

« Tout fut inutile. Marceau expira le 27 septembre 1796, à cinq heures du matin, pleuré par les officiers ennemis, comme il l'avait été la veille par ses compagnons.

« C'était, depuis Bayard, la première fois que pareil exemple était donné.

« A peine Marceau fut-il mort, que les officiers qui étaient restés près de lui demandèrent à l'archiduc que son corps fût rendu à ses compagnons d'armes ; et non seulement l'archiduc y consentit, mais encore il ordonna que son corps fût escorté jusqu'à Neuwied par un nombreux détachement de la cavalerie autrichienne. Puis il demanda même, comme une faveur, qu'on lui fît connaître le jour où Marceau serait enterré, afin que l'armée impériale pût se réunir à l'armée républicaine dans les honneurs qui lui seraient rendus.

« Quatre jours après, l'archiduc Charles fut averti que l'enterrement de Marceau aurait lieu le lendemain.

« Alors l'armée impériale occupait la rive droite du Rhin, en même temps que l'armée républicaine occupait la rive gauche; mais pour toute la journée les hostilités furent suspendues. Français et Autrichiens renversèrent leurs armes, et les canons ennemis répondirent par des salves égales aux canons français, pendant tout le temps que dura la cérémonie funèbre.

« Le corps de Marceau fut déposé en avant du fort qui, jusqu'en 1814, porta son nom et qui, depuis cette époque, a pris le nom de Pétersbourg ou de l'empereur François. Le monument consistait en une pyramide tronquée, haute de vingt pieds, placée sur un sarcophage et surmontée d'une urne où était son cœur. Cette inscription était gravée sur l'urne : *Hic cineres, ubique nomen.* « Ici ses cendres, partout son nom. »

« Un an ne s'était pas écoulé que le général Hoche, son ami, était venu le rejoindre et se couchait près de lui dans la tombe; mais, moins heureux que lui, celui-là mourait empoisonné.

« Ces deux généraux, qui avaient commandé en chef chacun trois armées et rempli le monde de leur renommée, avaient à peine cinquante-quatre ans à eux deux.

« Au mois de mars 1817, l'officier de génie prussien qui dirigeait les nouvelles fortifications du fort Pétersbourg trouva que le monument du général français gênait ses plans, et il l'abattit; mais, averti par la rumeur publique du sacrilège qui avait été commis, le roi de Prusse ordonna que ce monument fût rebâti dans la plaine.

« On réunit alors les deux tombeaux en un seul.

« Ce fut le dernier hommage à la mémoire du général Marceau. »

Je quittai Coblentz, le lendemain, dans la journée. Le bateau passe au pied du Stolzenfels. Ce château, restauré par le roi Frédéric-Guillaume, se dresse fièrement sur un rocher haut de 100 mètres. Une fresque extérieure représente le comte palatin Rupert, élu empereur d'Allemagne sur le Kœnigstuhl, et venant rendre visite à l'électeur de Trèves dans son château de Stolzenfels.

Avant d'arriver à Maxburg, on laisse derrière soi un autre château, le Lahneckburg.

Toute cette partie du Rhin est semée de tours démantelées, vieux décors historiques du fleuve religieux et guerrier. Des burgs solitaires surgissent de distance en distance, élevant dans le ciel bleu leur grande silhouette mélancolique, percée à jour ou drapée de lierre, comme des hidalgos dans leur manteau troué.

De toutes ces ruines la plus grandiose est celle du Rheinfels. Le comte brigand qui régnait du haut de cette aire sur le fleuve, la montagne et la plaine, tint en échec l'empereur et ses armées, soutint un siège de quinze mois et finit par chasser ceux qui le pourchassaient.

En 1794, le Rheinfels, devenu une forteresse moderne, se rendit à la première sommation de l'armée de Sambre-et-Meuse, qui le fit sauter. Cet amas pittoresque de ruines, sur lesquelles la nature a charitablement tendu un épais manteau de verdure, appartient au roi de Prusse.

A mesure que le bateau avance, l'œil découvre, plus nombreuses, des ruines d'anciens châteaux.

« Du lac de Constance aux Sept-Montagnes, a dit V. Hugo, chaque crête du Rhin avait son burg et son burgrave. Ces formidables barons du Rhin, produits robustes d'une nature âpre et farouche, nichés dans les basaltes et les bruyères, crénelés dans leur trou et servis à genoux par leurs officiers comme l'empereur, hommes de proie tenant tout ensemble de l'aigle et du hibou, puissants seulement autour d'eux, mais tout-puissants autour d'eux, maîtrisaient le ravin et la vallée, levaient des soldats, battaient les routes, imposaient des péages, rançonnaient les marchands, barraient le Rhin avec leur chaîne et envoyaient fièrement des cartels aux villes voisines quand elles se hasardaient à leur faire affront. »

V

LA CHEVALERIE ALLEMANDE

Pour pénétrer dans la vie intime des familles au temps de la chevalerie, grimpons au sommet des montagnes qui encaissent ici le Rhin, si nous ne préférons nous arrêter dans une ville, au coin d'une baie, ou sur quelque îlot. Car, bien qu'un poète de nos jours ait dit que *sur la hauteur résidaient les anciens chevaliers de la contrée superbe*, il y avait aussi des châteaux bâtis sur les bords des fleuves. Il suffisait qu'il y eût un fossé qui reçût l'eau d'une rivière ou d'un lac voisin et garantît ainsi des surprises du dehors, pour que l'on songeât à construire un *burg*. Ce mot réveille sans doute dans les imaginations poétiques les riantes couleurs de la vie chevaleresque; mais il ne rappelle à l'histoire que le souvenir d'un siècle de fer, où les hommes vivaient séparés et en garde les uns contre les autres. Chacun se parquait et se fortifiait à l'écart, les petits nobles dans leurs étroits castels, les grands seigneurs dans leurs vastes et somptueux châteaux. Toutes les scènes de l'histoire n'ont pas eu pour théâtre ces magnifiques forteresses, et notre imagination s'égare à leur donner un si beau cadre. Ne prenons point quelques exceptions pour le train réel de la vie.

Le mur extérieur du burg était défendu par des créneaux et des tourelles et communiquait avec le dehors

Héraut d'armes.

par un pont-levis. Après avoir franchi ce pont, on se trouvait dans la cour du donjon, nommée aussi basse-cour, parce qu'on y voyait les écuries. Le donjon était séparé du château par un fossé qui entourait ce dernier, et qu'on passait sur un pont situé en face d'une porte, que couronnait un mur garni de leviers pour lever le pont et ses herses. On franchissait ensuite un passage voûté, fermé d'une herse, au bout duquel se trouvait la cour d'honneur du château. Cette cour, tapissée de gazon, était ornée d'un puits et d'un tilleul, l'arbre favori des poëtes romantiques et, en général, du peuple allemand. Tout autour

Donjon de vieux burg.

s'élevaient les constructions du château, parmi lesquelles dominaient le palais ou maison du maître, et le beffroi, tour isolée du haut de laquelle le guetteur surveillait l'approche de l'ennemi, et qui servait de refuge en cas d'assaut. Le palais comprenait la grande salle de réception et diverses chambres secondaires. On y avait introduit le luxe et le confort. Dans les occasions solennelles, on couvrait le parquet d'un tapis et les murs de tapisseries brochées. Le sol était semé de fleurs pendant la belle saison et de joncs en hiver. Des bancs étaient placés le long des murs et recouverts de matelas ou de coussins de plumes. Trois pièces composaient l'aile du château réservée aux femmes: la chambre à coucher de la maîtresse de la maison, la pièce où elle présidait aux travaux des servantes, et celle où couchaient ces dernières. Outre les caves et les cuisines, tout vrai château devait avoir une chapelle. Enfin n'oublions pas de mentionner les embrasures pratiquées dans la profondeur des murs et qui permettaient de jeter un regard sur le paysage extérieur.

La richesse de l'ameublement variait suivant la fortune du seigneur et les goûts de la châtelaine. En général, les meubles étaient plus solides qu'élégants; de jolies sculptures ornaient pourtant les tables et surtout les bahuts qui servaient à serrer le linge et la vaisselle. De grands fauteuils rembourrés et faits de bois précieux servaient de sièges d'honneur aux invités de distinction.

Les ustensiles de cuisine, qui ne ressemblaient pas à ceux de nos jours, étaient des couteaux et des cuillers; les fourchettes ne datent guère que du seizième siècle. En fait d'aliments, on avait ceux que fournissaient la forêt, la rivière, les champs et les vergers. Les jours ordinaires, la chère était frugale, composée de légumes et de viande salée; aux jours de festins, l'art culinaire étalait ses ressources, et les tables pliaient sous le poids de mets délicats, de sauces fortement épicées, de pâtisseries artistement dressées, de confiseries de toute sorte. Pendant le repas, une grande nappe couvrait la table; au milieu trônait la salière, entourée de pains de différentes formes. Avant de passer à table, quelquefois même pendant le repas, on se levait et l'on s'essuyait les mains à la ronde.

Les boissons en usage étaient le vin, la bière, l'hydromel, le cidre et l'eau-de-vie. On cultivait la vigne beaucoup plus au nord et à l'est qu'aujourd'hui. C'est même

Dans la grande salle de réception d'un burg.

de là que venait le *surier*, espèce de vinaigre. Toutefois il fallait être riche pour se donner le plaisir de boire de bon vin, excepté dans le Sud, où la classe moyenne en faisait sa boisson ordinaire. On ne laissait pas vieillir la liqueur et on la buvait au sortir de la treille et à tous les degrés de fermentation. Rarement elle dépassait un an de tonneau. Parmi les vins du pays, les plus estimés étaient ceux du Rhin et celui d'Alsace; on les divisait d'ordinaire en vin de France et vin des Huns, selon qu'ils étaient originaires de la Gaule ou de la Hongrie, à moins que l'on ne donnât le premier nom au vin blanc et le second au vin rouge. La haute société usait de préférence de vins français, italiens et surtout grecs, tels que muscat, malvoisie, romani, etc. Elle les buvait mélangés à toute sorte d'épices. On prétend que les femmes, comme les Anglaises de nos jours, ne les dédaignaient pas. Quant à la bière, chaque ménage en fabriqua d'abord suivant ses besoins, et ce fut un des travaux qui incombèrent à la femme. Plus tard, l'état de brasseur fut exercé comme une profession, et il y en eut à Cologne dès le commencement du treizième siècle. Au siècle suivant, nous voyons Lubeck, Hambourg et Brême exporter une grande quantité de bière dans le Nord. Dans la fabrication de cette liqueur on faisait entrer l'orge et le houblon comme dès avant Charlemagne, quelquefois aussi du froment et de l'avoine. Le cidre fut connu de tout temps.

L'hydromel, qui n'était d'abord que du miel délayé dans de l'eau, devint ensuite une liqueur compliquée, où il entra du jus d'herbes, de la bière, du vin et des épices. Les caves des monastères jouissaient d'une grande réputation, et les moines s'appliquaient à perfectionner la culture de la vigne. L'eau-de-vie ne fut employée pendant longtemps qu'en remède; à partir du quinzième siècle, elle vint s'ajouter aux autres boissons alcooliques.

Pour boire, on se servait d'abord de cornes dans les forêts de la Germanie, et plus tard de gobelets d'étain ou de bois. Au temps de la chevalerie, les maisons riches eurent des coupes d'or, d'argent ou de cristal artistement travaillées. Si l'on en juge par leur dimension, l'on buvait beaucoup à cette époque. Ainsi les hanaps des chevaliers contenaient de trois à quatre litres.

A mesure que le luxe grandit, apparurent les vases précieux, les bocaux, les canettes, qui, dans les maisons aisées, s'étalèrent sur le dressoir de la salle à manger. Bientôt commença la mode de garnir la table de fleurs et de suspendre au-dessus des guirlandes de roses. On faisait toujours deux repas principaux, désignés tous deux du nom de *déjeuners*, qui resta au seul repas du matin. C'était d'ailleurs la seule manière de distinguer le jour de la nuit, les heures entre le souper et le déjeuner étant comptées comme heures de nuit, tandis que celles entre le déjeuner et le souper formaient le jour, que les hommes passaient aux combats, à la chasse ou à l'exercice des armes, et les femmes dans les travaux du ménage. La partie de la nuit qui n'était pas réservée au sommeil était consacrée à la musique, à la prière, à la conversation, aux jeux de dés ou d'échecs, aux festins et à la danse. Une légère collation de fruits et de vin marquait d'ordinaire l'heure du coucher.

Bien différent de la prosaïque simplicité de nos jours, le costume de la chevalerie alliait avec goût la variété et la richesse ; il ne comportait que des nuances claires et poétiques, il n'avait rien de la recherche excentrique qui marque aujourd'hui la toilette des femmes. Il y avait beau temps qu'était passée la simplicité décrite par Tacite, et il ne restait du vêtement primitif que la tunique et le manteau.

Les progrès du commerce du onzième et du treizième siècle, les relations avec l'Espagne et l'Italie, Byzance, l'Ouest et le Nord avaient inspiré aux Allemands le goût des belles choses et du bien-être intérieur, comme il arrive à tout peuple qui passe de la liberté sauvage à la civilisation.

Les vêtements étaient en toile, dont la plus estimée était fabriquée à Byzance, ou en étoffes de laine de nuances variées. On y employait aussi les tissus de soie souvent brochés de fil d'or ou d'argent, et les fourrures telles que l'hermine, la martre, le castor, la zibeline. Les bijoux de métal précieux et les pierreries ornaient les mains et les bras des dames et les armes des chevaliers. Les deux sexes épuisaient dans leur toilette toutes les couleurs de l'arc-en-ciel ; pour plus de variété, les hommes avaient souvent une manche bleue, l'autre verte, une partie du haut-de-chausses jaune et l'autre rouge. On ne laissait pas au hasard le choix et l'arrangement des nuances, mais on le disposait de manière à lui faire rendre les sentiments intérieurs, attention délicate qu'a trop effacée la monotonie insignifiante des modes actuelles. Alors, du moins, les couleurs avaient un langage : le blanc exprimait l'espoir d'être accueilli favorablement, le rouge le désir de la gloire et des honneurs, le bleu une fidélité inaltérable, le jaune le bonheur, le noir deuil et chagrin.

On portait aussi des armoiries brodées sur le costume, ce qui faisait ressembler les gens à un manuel héraldique. Jusqu'aux quinzième et seizième siècles, où l'on prit les modes espagnoles, la tunique et le manteau étaient les vêtements principaux des deux sexes.

De bonne heure, on adopta l'usage des chemises, et les Allemands inventèrent les pantalons qui descendaient jusqu'aux pieds et que l'on rattachait sous la tunique au moyen d'une courroie. A ce vêtement tenaient d'abord des semelles de cuir qui faisaient office de souliers; mais plus tard la chaussure devint plus compliquée et plus coûteuse, et l'on se servit pour monter à cheval de bottes à l'écuyère. La ceinture était garnie à droite d'une épée, à gauche d'un poignard dont la poignée et le fourreau ainsi que le baudrier étaient ornés avec un luxe raffiné. Vers le temps de la décadence, la tunique fut fendue sur les côtés et raccourcie en forme de veste; les habits composés d'une foule de chiffons d'étoffe ; les manches prirent une largeur ridicule et tout le costume devint si tailladé qu'il laissa voir partout les couleurs de la doublure.

Avec la Réforme, les pantalons devinrent plus larges. Il est probable que les hommes n'avaient d'abord pour coiffure que les capuchons de leurs tuniques; mais, à l'époque dont nous parlons, ils se couvraient la tête de barrettes et de chapeaux de luxe.

Le fard n'était même pas inconnu à la société chevaleresque et son usage fréquent, dans la toilette des dames, indique le soin qu'elles prenaient de leurs charmes. Leur chevelure était divisée sur le front et retombait en boucles gracieuses ou en épaisses nattes liées de fils d'or, qui descendaient sur les épaules et qu'on relevait en nœuds. A la ceinture de la femme élégante était suspendu un petit sac où elle mettait son argent, ses parfums et autres menus objets. A côté elle plantait un couteau poignard à la lame aiguë et suspendait son trousseau de clefs, les ciseaux et le fuseau. Enfin des gants artistement brodés et parfumés complétaient sa toilette.

Il y eut quelques excès ridicules dans les modes, et l'on doit sans doute à un goutteux l'invention des souliers à bec recourbé que l'on garnissait d'étoupe. Malgré leur incommodité, ils se conservèrent du onzième jusqu'au quinzième siècle. Sur la pointe du bec on plaça des grelots qui, de là, se répandirent sur le reste du corps et formèrent une espèce de sonnerie que l'on agitait en marchant.

Avec un tel développement du luxe matériel y eut-il un progrès parallèle dans les intelligences? Non; il n'y eut que certaines améliorations dans l'éducation des enfants. Encore est-il vrai de dire que l'on n'instruisait que ceux qui se destinaient à l'Église; pour les autres, on leur apprenait la chasse et l'art militaire, les belles manières de la société et parfois un peu de musique, afin qu'ils pussent à table chanter à leur tour et jouer de la harpe. Leurs connaissances intellectuelles se bornaient aux règles du tournoi, au *Credo*, au *Pater* et au *Confiteor*.

Aux jeunes filles on enseignait les travaux du ménage et de l'aiguille: car elles devaient diriger la cuisine et la cave, et raccommoder le linge et les vêtements, travail qui réclamait des soins tout particuliers.

Les princesses étaient élevées par une gouvernante avec d'autres demoiselles de leur âge; les filles de bourgeois qui n'entraient pas dans une maison seigneuriale allaient apprendre au couvent ce qui constituait alors l'éducation des femmes: les travaux manuels, les prières, l'histoire de la Bible et les légendes des saints. Il y eut cependant quelques couvents où l'instruction fut plus sérieuse, entre autres celui de Hohenbourg en Alsace, qui eut pour abbesse la docte Relindis. La personne qui lui succéda fut la femme la plus instruite de l'époque féodale, Herrad de Lansberg, morte en 1175, qui cultiva avec succès la poésie, la peinture et l'érudition. Elle gouverna son couvent de Sainte-Odile avec sagesse et fermeté, et composa pendant ses heures de loisir le *Jardin des délices*, « *Hortus deliciarum* », espèce d'encyclopédie religieuse où sont résumées les notions que l'on avait alors sur la théologie, la philosophie, l'astronomie, l'histoire. Mais ce qui rend ce recueil précieux, ce sont les illustrations ajoutées au texte

Musiciens allemands du seizième siècle.

et qui nous introduisent dans les détails de la vie au douzième siècle[1].

Du reste, pendant la brillante période que traversèrent la société et l'art au moyen âge, il y eut bon nombre de femmes qui, douées d'une imagination vive et du don de la conversation, ne se contentèrent pas de cultiver le chant et la musique, mais devinrent dans les lettres et la poésie plus savantes même que les hommes. C'était sur elles que comptaient les poètes pour être lus et goûtés ; il n'était pas rare, en effet, de rencontrer sur la table de toilette des châtelaines quelque manuscrit de chansons ou de poésies sentimentales. Les gracieuses écrivains, au moyen âge, excellaient surtout dans l'épître ; mais l'ignorance était si générale que le destinataire était souvent forcé de porter sur lui les tablettes pendant plusieurs jours, faute d'un lecteur pour les lui déchiffrer et transcrire la réponse.

Dispersée dans ses manoirs et châteaux forts, la société élégante du moyen âge eut recours, pour se réunir, à des fêtes multipliées. Lorsqu'un seigneur avait lancé ses invitations à la ronde, sa maison se transformait pour recevoir et héberger des centaines d'invités avec toute leur suite. Quand tout le monde était arrivé, on se rendait à l'église au son de la musique, et les chevaliers exécutaient des danses en l'honneur des dames qui, selon leur rang, allaient à cheval ou à pied. Au retour, on déjeunait, puis on chassait ou l'on jouait jusqu'au dîner.

En certains lieux, les convives suivaient l'usage français et se mettaient à table par couples. Dans d'autres, les

1. Ce manuscrit précieux a été brûlé avec la bibliothèque de Strasbourg.

deux sexes mangeaient dans des salles différentes. Le repas, assaisonné de propos joyeux, était accompagné par les sons de la musique ou par les airs nouveaux que chantait un troubadour ambulant. Vers le soir, les dames assistaient aux vêpres de la chapelle, et la société se réunissait de nouveau pour le plaisir. C'était le moment où les joueurs tentaient la fortune, où les buveurs appréciaient les ressources de la cave. Puis, avant le coucher, avait lieu le bal. La danse et le quadrille en composaient les éléments et se distinguaient l'un de l'autre. A la danse, le cavalier offrait la main à une ou deux dames et faisait avec elles le tour de la salle en glissant en cadence. Le quadrille se dansait en plein air, sur la route ou dans un pré, et en sautant.

Les diètes, les couronnements et autres fêtes semblables étaient aussi des occasions où la société élégante s'étalait dans toute sa magnificence.

Il y avait toujours foule énorme et il s'y dépensait des sommes fabuleuses. Citons-en deux des plus brillantes.

Quand Frédéric Barberousse arma son fils Henri chevalier, il convoqua à Mayence une diète aux fêtes de la Pentecôte.

Toute l'aristocratie allemande y accourut; ce fut à qui s'y montrerait avec plus d'éclat. L'archevêque de Cologne amena à lui seul une suite de quatre mille hommes d'armes. Une autre diète, qui se réunit à Francfort en 1397, ne comprenait pas moins de trente ducs et princes, deux cents comtes et barons, plus de treize cents cavaliers et près de quatre mille pages. Pour se faire une idée de la dépense qu'entraînait un tel rassemblement, il faut songer que, pendant toute la durée de la diète, il y avait table ouverte pour tous les invités.

Le luxe des mariages grandit à mesure que la chevalerie déclinait : celui du duc Georges de Bavière avec la princesse de Pologne Hedwige coûta 55,766 florins, ce qui était alors une somme énorme.

Mais les plus belles fêtes de la chevalerie étaient les tournois, qui durent probablement leur origine aux exercices militaires des anciens Germains et Gaulois.

Troubadour ambulant.

Henri Ier les transforma en y introduisant l'habitude d'y paraître à cheval, et ils furent vers le seizième siècle éclipsés par les carrousels. Il y eut en Allemagne quatre sociétés de tournois : Souabe, Franconie, Bavière et Palatinat du Rhin. Les princes en avaient la direction et la police. On luttait soit à cheval avec la lance et l'épée, soit à pied avec la hache d'armes, la massue ou la pique. Les plus brillants étaient les tournois à cheval ou à la lance. Il ne faut pas confondre les exercices où l'on ne se servait que de lances tronquées ou d'épées sans tranchant, avec les luttes véritables à armes tranchantes qui étaient souvent meurtrières. A Neus, près de Cologne, dans un tournoi qui fut donné en 1241, soixante chevaliers restèrent sur le champ de bataille, preuve que la société féodale aimait la vue du sang autant que la populace de l'ancienne Rome. D'ailleurs, l'histoire nous apprend que les hommes ont été de tout temps portés à s'entre-tuer : quand ce n'est point par haine ou par avarice, c'est en manière de jeu et de passe-temps.

Dans les premiers temps, le vainqueur obtenait en récompense une chaîne ou une couronne d'or, une armure, une écharpe brodée ou quelque beau cheval. Mais plus tard on chercha des prix extraordinaires. Ainsi, dans le tournoi donné à Nordhausen par le marquis Henri de Misnie, il y eut un arbre chargé de feuilles d'or et d'argent. Au chevalier qui avait rompu la lance de son adversaire était accordée une feuille d'argent ; elle était d'or s'il l'avait désarçonné.

Sous un prétexte quelconque et souvent sans motif, les seigneurs, jaloux de la prospérité et du développement des villes, en pillaient les habitants, en brûlaient les maisons, sans avoir même envoyé de signal qui prévînt l'ennemi de leur attaque. Mais quelquefois les habitants des villes se défendaient avec désespoir.

Les misères et les désordres amenés par une telle anarchie furent encore augmentés par la peste noire qui, venue d'Orient, ravagea toute l'Allemagne.

Il y eut des villes entières, des cités florissantes qui furent dépeuplées ; les individus périrent par milliers et tous les liens sacrés de la société furent dissous. Plus de poésie ; le chevalier, transformé en parasite, disputait au

Les habitants des villes se défendaient avec l'acharnement du désespoir.

bouffon le pain de l'aumône à la table des princes. Au milieu de l'antique politesse, de l'éloquence et de la musique, régnèrent la débauche, un jeu ruineux et ces luttes brutales qui déshonoraient l'institution chevaléresque du duel.

Il ne survécut de l'ancienne splendeur que les cérémonies brillantes, dont la magnificence même augmenta, et qui accompagnaient le mariage des rois[1].

1. Extrait de *la Société et les Mœurs allemandes*, traduit de M. le professeur Schérer par Victor Tissot; 1 volume de plus de 400 pages. — Dentu, éditeur.

VI

LA TOUR DES RATS. — MAYENCE

Mais le bateau qui nous transporte avance rapidement; des coups de cloche annoncent que nous sommes à Saint-Goar. Au siècle dernier, le voyageur qui arrivait à Saint-Goar devait recevoir le baptême du vin. On lui passait au cou un collier qui avait, dit-on, appartenu à Charlemagne; on lui mettait sur la tête une couronne de carton doré, et on lui lisait les statuts de l'ordre des Buveurs, qui lui accordaient le droit de pêcher sur la Loreley et de chasser sur la Dank.

Le rocher de Loreley est à quelques minutes de Saint-Goar. L'ondine n'y chante plus, hélas! en laissant flotter au vent ses longs cheveux d'or.

Oberwesel, avec ses tours féodales, se montre bientôt après dans un pittoresque encadrement de rochers. A l'arrière, on tire un coup de canon, et le bruit s'en va d'écho en écho, toujours s'affaiblissant, comme l'adieu d'un ami

...... qu'à demi
L'autre ami de loin répète.

Les étudiants allemands, en passant ici, demandaient autrefois à l'écho le nom du maire d'Oberwesel. L'écho répondait d'un ton moqueur : *Esel,* c'est-à-dire un âne. Cette plaisanterie avait un succès inimaginable; on en riait encore à Mayence le lendemain, et à Francfort deux jours après.

Caub succède à Oberwesel, avec son burg fièrement debout au milieu de la vieille enceinte de ses remparts. Puis c'est le Pfalz, observant le fleuve à travers ses meurtrières de granit. Ce château servait de péage.

Bacharach, l'autel de Bacchus des Romains, passe sous les yeux comme une vision des temps qui ne sont plus. C'est un pêle-mêle de vieilles constructions, un fouillis de pignons et de clochetons bizarres, un monde fantastique de gargouilles aux ailes déployées et aux langues menaçantes. Le contraste est d'autant plus frappant qu'en arrivant à Bingen, on se trouve en face d'une ville proprette et gentille, qui vous tire une belle révérence à la française.

Avant d'arriver à Bingen, on passe devant la *Tour des Rats,* au milieu du fleuve, dans une petite île. « Dans mon enfance, raconte Victor Hugo, j'avais au-dessus de mon lit un petit tableau entouré d'un cadre noir que je ne sais quelle servante allemande avait accroché au mur. Il représentait une veille tour isolée, moisie, délabrée, entourée d'eaux profondes et noires qui la couvraient de vapeurs, et de montagnes qui la couvraient d'ombre. Le ciel de cette tour était morne et plein de nuées hideuses. Le soir, après avoir prié et avant de m'endormir, je regardais toujours ce tableau. La nuit, je le revoyais dans mes rêves, et je l'y revoyais terrible. La tour grandissait, l'eau bouillonnait, un éclair tombait des nuées, le vent sifflait dans les montagnes et semblait par moment jeter des clameurs. Un jour, je demandai à la servante comment s'appelait cette tour. Elle me répondit, en faisant un signe de croix : la *Mausethurm,* c'est-à-dire la Tour aux Rats. » Et elle en raconta la légende, — une des plus dramatiques du moyen âge.

En 574, vivait à Mayence un méchant archevêque nommé Hatto. Comme il était très avare et voulait devenir très riche, il accapara dans une année de disette tout le blé de la contrée. Le peuple, affamé, se rassembla alors autour du bourg de Mayence, pleurant et demandant du pain ; l'archevêque refusa de donner du blé, et, comme le peuple ne se dispersait pas, Hatto fit cerner ces pauvres gens par ses archers qui saisirent les hommes, les femmes, les vieillards et les enfants, et enfermèrent cette foule dans une grange à laquelle ils mirent le feu.

Hatto assistait à cette terrible exécution, riant des cris des misérables qui se tordaient dans le feu et disant : « Entendez-vous siffler les rats ? »

Le lendemain, la grange était en cendres, la ville semblait morte et déserte, quand tout à coup une multitude de rats, pullulant dans la grange brûlée, sortant de dessous terre, surgissant d'entre les pavés, se faisant jour aux fentes des murs, renaissant sous le pied qui les écrasait, se multipliant sous les pierres et sous les massues, inondèrent les rues, la citadelle, le palais, les caves et les alcôves. C'était un fléau, c'était une plaie, c'était un fourmillement hideux.

Hatto, éperdu, s'enfuit dans la plaine, mais les rats le suivirent. Les cheveux hérissés, secouant avec vigueur d'horribles grappes de rats déjà collées à ses jambes, il prit la fuite du côté de Bingen, et l'effroi lui donna une extrême agilité. Mais les rats courent comme des lièvres, et plus vite encore quand la colère les anime.

Les rats escaladèrent les remparts et envahirent la petite ville.

L'archevêque, alors, se jeta dans une barque pour aller se mettre à l'abri dans une petite île au milieu du Rhin. Il se disait que les rats ont horreur de l'eau comme les chats, et que là ses persécuteurs ne pourraient l'atteindre.

Mais son angoisse redoubla bientôt, lorsqu'il entendit résonner l'eau du fleuve sous une masse effrayante d'immondes nageurs ; il se voyait menacé d'être dévoré vivant en pleine eau. La petite île du Rhin n'était heureusement pas éloignée, il atteignit la grève.

Une vieille tour s'élevait au bord de l'île, et ses ruines servaient d'escalier pour arriver au sommet ; ce refuge offrait une dernière chance de salut. L'archevêque escalada cette pyramide de pierres vermoulues, et, parvenu à une certaine hauteur, il s'arrêta pour respirer, ne croyant plus être poursuivi, et regarda du côté du fleuve.

Ce qu'il vit était affreux.

Une pâle éclaircie tombée des étoiles donnait à ce tableau quelque chose de plus sinistre encore : cela ressemblait à une lugubre plaisanterie de l'enfer. Le sable blanc du rivage avait disparu sous une couche noire et mouvante, et à chaque instant une nouvelle compagnie de nageurs sortait du Rhin, et se mêlait au gros de l'armée.

On entendait, par intervalles, de petits cris aigus, comme si des chefs subalternes eussent répété un ordre général. Le pauvre archevêque écoutait et regardait avec des oreilles glacées et des yeux vitrés par la terreur. Tout à coup, l'immense colonne fait un mouvement d'attaque, escalade la tour et la couvre de spirales énormes ; il était donc évident que les terribles animaux

Hatto pousuivi par les rats.

n'avaient pas perdu la piste de leur victime, et qu'ils allaient l'atteindre dans un assaut général.

L'infortuné Hatto continua de monter jusqu'au sommet de la tour, n'ayant pas d'autre ressource, et il se percha, en stylite, sur la dernière pierre, dans l'espoir, sans doute, d'être pris pour une statue qui couronne un monument, comme on en voit à la cathédrale de Strasbourg. Les rats ne commettent pas de ces erreurs, même à minuit. Ils s'élevaient toujours, comme une marée montante, et ces vagues noires, remuées par une intelligence, avaient quelque chose d'intolérable, même au regard du plus intrépide.

Il y a des objets si antipathiques à l'œil, qu'ils sont effrayants et glacent les veines du cœur, même en l'absence du péril, et il y avait ici les deux choses réunies, antipathie révoltante et péril affreux. Alors le courage est nul, la lutte impossible; l'homme menacé ressent une langueur mortelle, comme dans un rêve étouffant, et ses pieds raidis ne lui servent plus de soutien, le froid les a pétrifiés.

Bientôt la tour en ruine disparut tout à fait sous une épaisse enveloppe d'assiégeants immondes; les étoiles éclairaient une pyramide de rats, surmontée par un homme.

Le malheureux vit l'épouvantable marée vivante arriver à ses pieds, avec des ondulations sinistres; il se donna vainement un reste d'énergie, pour repousser la première vague : des milliers de morsures le saignèrent à la fois, et le firent chanceler sur son piédestal; puis il tomba, plutôt terrassé par la peur que par l'ennemi, et son corps roula dans une large crevasse de ruines, où il ne laissa, dit-on, que son squelette, tant elle était nombreuse et dévorante, l'armée qui avait envahi la vieille tour du Rhin[1].

1. D'après Méry, *Comédie des animaux*. — Ch. Delagrave éditeur.

En souvenir de cet horrible drame, la tour reçut le nom de *Tour des Rats*. Les bateliers évitent sa grève solitaire et maudite ; et l'on dit que la nuit, on voit une lueur sinistre sortir de ces ruines, et qu'on entend des cris et des gémissements : c'est l'âme du méchant archevêque qui revient.

« Bingen, dit Victor Hugo, est une jolie et belle ville, à la fois blanche et noire, grave comme une ville antique et gaie comme une ville neuve, qui, depuis le consul Drusus jusqu'à l'empereur Charlemagne, depuis l'empereur Charlemagne jusqu'à l'archevêque Willigis, depuis l'archevêque Willigis jusqu'au marchand Montemagno, depuis le marchand Montemagno jusqu'au visionnaire Holzhausen, depuis le visionnaire Holzhausen jusqu'au notaire Fabre actuellement régnant dans le château de Drusus, s'est peu à peu agglomérée et amoncelée, maison à maison, dans l'Y du Rhin et de la Nahe, comme la rosée s'amasse goutte à goutte dans le calice d'un lis. Passez-moi cette comparaison qui a l'air d'être fleurie, mais qui a le mérite d'être vraie et qui représente fidèlement, et pour tous les cas possibles, le mode de formation d'une ville dans un confluent.

« Tout contribue à faire de Bingen une sorte d'antithèse bâtie au milieu d'un paysage qui est lui-même une antithèse vivante. La ville, pressée à gauche par la rivière, à droite par le fleuve, se développe en forme de triangle autour d'une église gothique adossée à une citadelle romaine. Dans la citadelle, qui date du premier siècle et qui a longtemps servi de repaire aux chevaliers bandits, il y a un jardin de curé. Dans l'église, qui est du quinzième siècle, il y a le tombeau d'un docteur quasi sorcier, ce Barthélemy de Holzhausen que l'électeur de Mayence eût probablement fait brûler comme devin s'il ne l'avait payé comme astrologue. Du côté de Mayence rayonne, étincelle et verdoie la fameuse plaine-paradis qui ouvre le Rhingau. Du côté de Coblentz les sombres montagnes de Ligen froncent le sourcil.

Portail de la cathédrale de Mayence.

« Ici la nature rit comme une belle nymphe étendue sur l'herbe, là elle menace comme un géant couché.

« Mille souvenirs, représentés l'un par une forêt, l'autre par un rocher, l'autre par un édifice, se mêlent et se heurtent dans ce coin du Rhingau : là-bas ce coteau vert, c'est le joyeux Johannisberg; au pied du Johannisberg, ce redoutable donjon carré qui flanque l'angle de la forte ville de Rudesheim a servi de tête de pont aux Romains. Au sommet du Niederwald qui fait face à Bingen, au bord d'une admirable forêt sur la montagne qui commence maintenant l'encaissement du Rhin et qui, avant les temps historiques, en barrait l'entrée, un petit temple à colonnes blanches, pareil à une rotonde de café parisien, se dresse au-dessus du morose et superbe Ehrenfels, construit au douzième siècle par l'archevêque Siegfried, mornes tours qui ont été jadis une formidable citadelle et qui sont aujourd'hui une ruine magnifique. De l'autre côté du Rhin, sur le Ruppertsberg, qui regarde le Niederwald, dans les ruines du couvent de Disibodenberg, le puits bénit, creusé par sainte Hildegarde, avoisine l'infâme tour bâtie par Hatto. Les vignes entourent le couvent, les gouffres environnent la tour. Des forgerons se sont établis dans la tour, le bureau des douanes prussiennes s'est installé dans le couvent. Le spectre de Hatto écoute sonner l'enclume, et l'ombre de Hildegarde assiste au plombage des colis.

« Par un contraste bizarre, l'émeute de Civilis qui détruisit le pont de Drusus, la guerre du Palatinat qui détruisit le pont de saint Willigis, les légions de Tutor, les querelles des langradves Adolphe de Nassau et Didier d'Isembourg, les Normands en 890, les bourgeois de Creuznach en 1279, l'archevêque Baudoin de Trèves en 1334, la peste en 1349, l'inondation en 1458, le bailli palatin Goler de Ravensberg en 1496, le landgrave Guillaume de Hesse en 1504, la guerre de Trente ans, les armées de la Révolution et de l'Empire, toutes les dévastations ont successivement traversé cette plaine heureuse et sereine, tandis que les plus ravissantes figures de la liturgie et de la légende, Gela, Jutta, Liba, Guda, Gisèle, la douce fille de Brœmser, Hildegarde, l'amie de saint Bernard, Hiltrude, la pénitente du pape Eugène, ont habité tour à tour ces sinistres rochers. L'odeur du sang est encore dans la plaine, le parfum des saintes et des belles remplit la montagne. Plus vous examinez ce beau lieu, plus l'antithèse se multiplie sous le regard et sous la pensée. Elle se continue sous mille formes. Au moment où la Nahe débouche à travers les arches du pont de pierre, sur le parapet duquel le lion de Hesse tourne le dos à l'aigle de Prusse, ce qui fait dire aux Hessois qu'il dédaigne et aux Prussiens qu'il a peur, au moment, dis-je, où la Nahe, qui arrive tranquille et lente du mont Tonnerre, sort de dessous ce pont limite, le bras vert de bronze du Rhin saisit brusquement la blonde et indolente rivière et la plonge dans le Bigerloch. Ce qui se fait dans le gouffre est l'affaire des dieux. Mais il est certain que jamais Jupiter ne livra naïade plus endormie à fleuve plus violent.

« S'asseoir au haut du Klopp, vers l'heure où le soleil décline et de là regarder la ville à ses pieds et autour de soi l'immense horizon ; voir les monts se rembrunir, les toits fumer, les ombres s'allonger et les vers de Virgile vivre dans le paysage ; aspirer dans un même souffle le vent des arbres, l'haleine du fleuve, la brise des montagnes et la respiration de la ville, quand l'air est tiède, quand la saison est douce, quand le jour est beau, c'est une sensation intime, exquise, inexprimable, pleine de petites jouissances secrètes voilées par la grandeur du spectacle et la profondeur de la contemplation. Aux fenêtres des mansardes, des jeunes filles chantent, les yeux baissés sur leur ouvrage ; les oiseaux babillent gaiement dans les lierres de la ruine, les rues fourmillent de peuple et ce peuple fait un bruit de travail et de bonheur, des barques se croisent sur le Rhin, on entend les rames couper la vague, on voit frissonner les voiles; les colombes volent autour de l'église; le fleuve miroite, le ciel pâlit; un rayon de soleil horizontal empourpre au loin la poussière sur la route ducale de Radesheim-Biberich et fait étinceler de rapides calèches qui semblent fuir dans un nuage d'or portées par quatre étoiles. Les laveuses du Rhin étendent leur toile sur les buissons, les laveuses de la Nahe battent leur linge, vont et viennent, jambes nues et es pieds mouillés sur des radeaux formés de troncs de sapins amarrés au bord de l'eau, et rient de quelque touriste qui dessine l'Ehrenfels. La Tour des Rats, présente et debout au milieu de cette joie, fume dans l'ombre des montagnes.

« Le soleil se couche, le soir vient, la nuit tombe, les toits de la ville ne font plus qu'un seul toit, les monts se massent en un seul tas de ténèbres où s'enfonce et se perd la grande clarté blanche du Rhin. Des brumes de crêpe montent lentement de l'horizon au zénith; le petit dampschiff de Mayence à Bingen vient prendre sa place de nuit le long du quai, vis-à-vis de l'hôtel Victoria; les laveuses, leurs paquets sur la tête, s'en retournent chez elles par les chemins creux; les bruits s'éteignent, les voix se taisent; une dernière lueur rose, qui ressemble au reflet de l'autre monde sur le visage blême d'un mourant, colore encore quelque temps, au faîte de son rocher, l'Ehrenfels, pâle, décrépit et décharné. — Puis elle s'efface, — et alors il semble que la tour de Hatto, presque inaperçue deux heures auparavant, grandit tout à coup et s'empare du paysage. Sa fumée, qui était sombre pendant que le jour rayonnait, rougit maintenant peu à peu aux réverbérations de la forge, et, comme l'âme d'un méchant qui se venge, devient lumineuse à mesure que le ciel devient noir. »

Quand on a quitté Bingen, la contrée change d'aspect et le fleuve de caractère. Le Rhin a échappé aux étreintes de l'étroite vallée : encore haletant, il déroule ses flots verts au pied des coteaux du Johannisberg, — cette colline que Heine aurait voulu « partout transporter à sa suite ». — Le Johannisberg a une étendue de soixante-trois arpents et rapporte à la famille Metternich plus de 200,000 francs par an.

Il était huit heures. La nuit tombait, nous filions à toute vapeur, et les rives glissaient à droite et à gauche comme des décors dociles au sifflet du machiniste. Les maisons aux balcons ornés de chèvrefeuille, les arbres, les collines, les montagnes, tout s'estompait sous le voile transparent du soir. Le fleuve s'élargissait comme une mer et semblait s'étendre dans son grand lit de roseaux comme pour s'endormir ; sur ses bords, on n'entendait plus que de vagues clapotements.

Les barques qui passaient avaient des profils de fantômes, et les îles que nous longions ressemblaient à des taches noires.

Une main cachée ensemençait le ciel d'étoiles, et quand la lune monta sur le sommet du Steinberg, radieuse comme une jeune reine sur son trône, le Rhin étincela, semblable à un miroir magique. On eût dit que le ciel étoilé était tombé sur la terre.

De temps en temps nous apercevions encore le squelette d'un vieux burg qui surgissait tout à coup.

Le vent frais qui soufflait avait chassé les dames du pont, et l'on n'entendait plus que ce frissonnement des flots battus par les ailes de fer du vapeur. L'impression était étrange et poétique, et Mayence, avec ses tours, ses clochers, son dôme rouge, se montrait devant nous comme dans un rêve.

Le lendemain, par un pâle soleil, je suis monté à la citadelle. L'ascension n'est pas pénible : une chaussée large et profonde est creusée dans les flancs de la petite montagne sur laquelle la gigantesque bastille est posée comme une selle. C'est, au demeurant, une citadelle toute moderne, qui n'a rien de théâtral, et qui, de loin, semble assez bonne fille. Elle a laissé de côté l'appareil formidable des hautes murailles à poivrières, des tours sombres et crénelées, des beffrois lugubres cadrant cependant bien avec l'aspect gothique de la ville qu'elle défend.

— Vous allez à la citadelle ? Ah ! Monsieur, ne faites pas cela, m'a dit mon maître d'hôtel avec un visage consterné. Les autorités allemandes voient maintenant des espions partout, jusque dans les plus inoffensifs promeneurs ; on a arrêté l'autre jour des touristes anglais, et j'ai dû envoyer six bouteilles de Théophile Rœderer, ce roi des champagnes, pour racheter leur liberté. Pensez un peu quel tort cela aurait fait à ma réputation ! On aurait dit que je dénonce moi-même les voyageurs qui descendent chez moi. Et tenez, pas plus tard que la semaine dernière, on a « pincé » un monsieur qui avait pris des dessins et des croquis dans le creux de sa main. Les journaux ont raconté l'affaire et annoncé que c'était un espion français. C'était un officier russe.

Je n'ai pas écouté ces charitables avertissements et c'est sans la plus petite difficulté que je suis entré dans la place. Mon air peu martial a sans doute inspiré confiance. On m'a donné un jeune caporal pour m'accompa-

Les ruines d'Ehrenfels.

gner ou plutôt pour me garder, et j'avoue que ce que j'ai vu ne mettra jamais en péril la garnison de Mayence. Depuis que cette ville est forteresse impériale, ce n'est pas à la citadelle qu'on a travaillé, mais tout autour, dans un périmètre de plusieurs lieues. Les fortifications de Mayence ont pris presque autant d'extension que celles de Metz et de Strasbourg; elles s'étendent sur les deux rives du Rhin, les îles de Peters-Au et Ingelheimer-Au, et sur la rive gauche du Mein. C'est, avec Cologne, Coblentz, Germeirsheim, Rastadt, la seconde ligne de défense de l'Allemagne du Sud[1]. En 1870, on comptait à Mayence huit forts à 600 mètres des fortifications et dix forts à 1,400 mètres.

Mon guide, m'ayant conduit sur une petite éminence, me montra, à une distance à peine perceptible à l'œil, une quantité de taches blanches.

— Qu'est-ce? lui dis-je.

— Ce sont les nouveaux forts, construits depuis quatre ans.

— Combien y en a-t-il?

— Oh! il y en beaucoup; de ce côté (c'est le côté de la France), nous sommes bien gardés. Les Français ne feront jamais la folie de nous attaquer par là; ils tomberont

1. La première ligne est formée par Metz, Diedenhofen, Saarlouis, Bitche, Strasbourg, Neubrisach. L'Allemagne est pour ainsi dire aujourd'hui entourée d'un cordon de forteresses. A l'est, il y a : Kœnigsberg, Boyen ou Lœtzen, Grandenz, Thorn, Posen, Glogau; sur la frontière, du côté de l'Autriche : Kosel, Neisse, Glatz, Kœnigsberg; sur les bords de la mer Baltique : Memel, Pilau (Kœnigsberg), Dantzig, Kolberg, Stettin, Swinemünde, Stralsund, Friedrichsort, Kiel, Sonderburg-Duppel; sur les bords de la mer du Nord : Wilhelmshaven, Cuxhaven et Geestemünde; à l'est de l'Elbe : Kustrin et Spandau; sur l'Elbe : Torgau, Wittemberg, Magdebourg; entre l'Elbe et le Rhin : Erfurth, Minden; sur le Danube : Ulm et Neu-Ulm, Ingolstadt; enfin Phalsbourg, les petites forteresses des Vosges, et Landau. Environ cinquante places fortes!

sur nous par la Belgique ou par la Suisse; aussi occuperons-nous ces deux pays au premier signal. Ce ne sont pas les soldats qui nous manquent; si vous avez lu l'*Annuaire de l'armée pour 1875*, vous aurez vu que les forces de l'armée allemande sont de 1,324,940 hommes avec 97,000 chevaux et 2,740 canons. Le *Landsturm* ajoutera à ce chiffre un modeste supplément de 300,000 combattants. Derrière un pareil rempart de poitrines et de canons, l'Allemagne peut dormir tranquille.

— Vous êtes conscrit de cette année?

— Oui, Monsieur.

— On vous fait beaucoup travailler?

— C'est effrayant (*schrecklich*). Nous n'avons pas même le temps de souffler. Toujours à l'exercice; toujours des marches, toujours des manœuvres! On n'est plus des hommes, mais des machines. Pendant les chaleurs excessives du mois dernier, nous avons perdu une demi-douzaine de camarades; nos chefs, dans leur inexorable rigueur, s'inquiètent bien de ça! La vie d'un homme, ça ne compte plus; c'est une feuille qui se détache du grand arbre, un grain de sable emporté par le vent! Vous avez certainement lu dans les journaux ce qui est arrivé à Francfort : deux soldats sont tombés morts, la semaine dernière, au milieu d'une marche en plein soleil. Et en Posnanie : les soldats du 58e régiment s'étaient rendus de Graustadt au village d'Altkranz; ils étaient partis à sept heures du matin et avaient marché toute la journée par une chaleur de 20 degrés à l'ombre. On les fit entrer à Graustadt tambour battant et aux sons joyeux du fifre, alors que six déjà étaient morts d'insolation et que cinquante étaient étendus sur les bords de la route, en proie à des crampes nerveuses. Nous ne faisons jamais

Entrée des Prussiens en France en 1870.

de marches, même au plus fort des chaleurs, sans porter notre manteau roulé sur notre sac.

— Et l'on n'adresse pas de plaintes à Berlin contre ces cruels traitements?

— Non, Monsieur, ce n'est pas la faute des chefs, c'est la faute du système. Nos chefs sont soumis aux mêmes épreuves et travaillent encore plus que nous. J'entendais hier le général dire à notre capitaine, au milieu de la manœuvre : « En rentrant, vous me ferez un rapport sur la bataille de Wittstock. » Nous étions sur pied depuis cinq heures du matin. A six heures du soir, nous étions de retour à la citadelle, et il a fallu que notre capitaine improvisât son rapport en deux heures, la conférence des officiers ayant lieu à huit heures.

Tout en causant, nous étions parvenus jusqu'au pied de l'Eigelsberg, vieille tour à moitié en ruine, élevée à la mémoire de Drusus, au milieu du *castrum* romain sur l'emplacement duquel on a construit la citadelle. Drusus, fondateur de Mayence, mourut à quelques pas d'ici, en tombant de cheval. Sa fin prochaine lui avait été prédite sur les bords de l'Elbe par une prophétesse germanique d'une taille colossale, dit la légende, les cheveux au vent, et vêtue d'une longue tunique noire. Drusus, effrayé, rebroussa chemin et trouva la mort en rentrant à Mayence.

La porte de la tour était ouverte ; le caporal alluma une chandelle qu'il prit sur l'escalier. Nous montâmes jusqu'au sommet pour jouir du panorama de la ville et du Rhin. Le coup d'œil est splendide ; et comme on oublie vite, là-haut, qu'on a autour de soi des bastions, des remparts, des fossés, des entassements de canons et des pyramides d'obus ! On ne voit que la ville avec ses clochers rouges, brodés à jour comme de la dentelle, ses toits d'ardoise qui ressemblent à des ailes de héron, ses girouettes étincelantes, ses jolis pignons pointus, ses vieilles tours guerrières transformées en greniers, ses ornements gothiques qui mettent une couronne de feuillage et de fruits sculptés au faîte hardi de ses édifices. Devant Mayence, le Rhin a la majesté d'un lac. On dirait qu'il agrandit son miroir pour refléter l'image de la ville entière. A l'horizon, des montagnes vaporeuses ressemblent à des applications de batiste sur le satin bleu du ciel.

Mon guide m'expliqua la ville. — Cette maison massive et solide, me dit-il en m'indiquant la route du Rhin, c'est l'ancienne maison de l'ordre Teutonique, le palais du grand-duc de Hesse actuel ; l'empereur Guillaume y avait établi son quartier général au début de la guerre de 1870. Le 2 août, il adressa de cette maison sa proclamation à l'armée : « Je prends aujourd'hui le commandement de toutes nos armées et m'engage avec confiance dans une lutte que jadis nos pères, en pareille situation, soutinrent glorieusement. »

Il fallait voir Mayence à cette époque : quel mouvement, quelle émotion, quel tohu-bohu ! Jour et nuit arrivaient des trains avec plus de quatre cents wagons ; dix lignes ferrées dans l'Allemagne du Nord et trois dans l'Allemagne du Sud étaient spécialement affectées au transport des troupes.

L'Allemagne commença déjà à mobiliser le 8 juillet, bien que l'ordre de mobilisation ne fût officiellement annoncé que le 15. Il y avait jusqu'à dix-huit trains par jour qui transportaient chacun, soit un bataillon d'infanterie, soit un demi-escadron de cavalerie, ou une batterie de canons. Il fallut quatre-vingt-dix à cent trains pour un corps d'armée. Vous savez que l'armée allemande se composait de treize corps, ce qui faisait à peu près 450,000 hommes avec 1,240 pièces d'artillerie, échelonnés sur un front de 150 kilomètres, avec des troupes de réserve derrière Mayence. L'armée française n'était composée que de huit corps incomplets, — 240,000 hommes environ, avec 1,000 pièces de canon, échelonnés sur un front de 380 kilomètres, avec des réserves plus près de Paris que du Rhin.

— Aussi la victoire a-t-elle été facile !

— Pas tant que ça, Monsieur. Les Français se sont crânement battus à Saarbrück, à Wœrth et à Wissembourg. Et, s'ils étaient tombés sur nous, — on dit que l'empereur en avait conçu le projet, — immédiatement après la déclaration de guerre, ils auraient entravé le plan de M. de Moltke, lequel était de prendre l'offensive. Les trois armées allemandes se tenaient sur la Sarre et la Lauter, assez rapprochées pour se soutenir mutuellement et pour pouvoir écraser l'ennemi sous des forces supérieures. Trente mille soldats français, lancés à temps, auraient suffi pour prendre Mayence et Francfort, détruire les voies ferrées et semer la terreur dans le Sud. J'ai entendu répéter souvent cela par nos officiers. Mayence, dont la plupart des bastions tombaient en ruine n'aurait pas résisté vingt-quatre heures. Avec quelle hâte on établit des ponts de bateaux pour les premières troupes ! Bientôt toutes les rues, toutes les places furent pleines de soldats. On se demandait d'où pouvaient sortir tant de gens.

M. de Bismarck et M. de Moltke arrivèrent à leur tour. En les voyant, on se disait, non sans une certaine anxiété : « La danse va commencer (*Es wird los gehen*). » Le chancelier se logea dans la maison de M. Kuferberg, fabricant de vin mousseux. Ça se comprend, il aime tant le champagne ! M. de Moltke ordonna aussitôt des travaux considérables autour de Mayence ; on abattit les arbres qui pouvaient gêner le feu des forts, on réquisitionna tous les chevaux et les charrettes des environs. Les fossés de la citadelle avaient été convertis en magasins de provisions : il y avait là des centaines de bœufs, des troupeaux de moutons. On eût dit une exposition de bétail...

— Où se trouvent ces immenses magasins de provisions qui ont été construits l'année dernière ?

— Là-bas, répondit le jeune caporal en me montrant un grand bâtiment aussi long qu'une rue ; il y a aussi des caves sous la citadelle. Avec les conserves de viandes et les saucisses aux pois qui sont entassées dans ces magasins, on peut nourrir pendant trois mois dix-huit corps d'armée. Des traités sont également passés avec tous les marchands de bétail du pays, qui doivent, sous peine d'amendes très élevées, *toujours être prêts*.

J'ai vainement cherché du regard deux édifices qui étaient jadis, avec la cathédrale, la gloire de Mayence ; la Martinsburg, résidence féodale des archevêques, et l'hôtel des marchands.

Ces deux anciens monuments, qui portaient sur leur façade l'histoire de la belliqueuse cité, ont été rasés « pour cause d'utilité publique ». On a indemnisé les Mayençois de cette perte en leur construisant des casernes ; j'en ai compté huit nouvelles. Avant 1866, les casernes blanches appartenaient à l'Autriche et les casernes rouges à la Prusse.

Un roulement de tambours retentit sur l'esplanade.

— Je suis obligé de rentrer au quartier, me dit le caporal.

Nous redescendîmes, et je sortis aussi facilement que j'étais entré.

Les quatre bastions qui défendent l'Eigelstein s'appellent Germanicus, Drusus, Tacite et Alarme. Au quinzième siècle, on avait placé sur cette haute tour un immense gland doré, de sorte que, quand le soleil se couchait, il y avait sur toute la ville de beaux reflets d'or. De là le nom de « Mayence la Dorée ».

Depuis que la pluie des milliards n'a fait pousser que des forteresses et des impôts sur le sol allemand, les Mayençois ne montrent plus une hostilité aussi ouverte contre la France. Un Parisien peut même s'égarer le soir dans ce labyrinthe de petites rues qui avoisinent les quais et demander son chemin sans qu'on lui réponde avec un bâton. Mayence s'était presque francisée au contact de nos soldats.

Dans les familles, on se vante encore d'avoir eu un grand-père qui a servi Napoléon, et l'on vous montre comme une précieuse relique la médaille de Sainte-Hélène. Il n'y a nulle part à l'étranger autant de ces médailles qu'à Mayence.

Un écrivain allemand, très allemand, Julius Weber, écrivait de Mayence en 1830 : « Mayence n'est plus le vieux Mayence ; mais on ne peut pas en vouloir à ses habitants qu'ils aient préféré rester Français ; il est surprenant comme la langue française s'est répandue dans la bourgeoisie. »

Lorsque Custine se présenta devant Mayence, le général Gymnisch déclara qu'il ne livrerait la forteresse que « quand son mouchoir brûlerait dans sa poche[1] ». Le soir même, Custine entra dans la ville. On courut en donner la nouvelle au général Gymnisch, — qui déclara n'avoir pas de mouchoir.

1. Historique.

VII

FRANCFORT. — GŒTHE. — LA LÉGENDE DE LA FONDATION DE FRANCFORT

Nous avons quitté ce matin Mayence à l'aube pour nous rendre à Francfort. Après tant de jours de pluie, la nature, qui se réveille sous les caresses du soleil, a pris une fraîcheur charmante. De jolies petites fleurs, premiers sourires du printemps, commencent à briller çà et là dans les prairies. Les ruisseaux, qui s'étaient élancés hors de leur lit, rentrent dans l'obéissance et calment leur colère.

Nous traversons à toute vapeur d'immenses plaines recouvertes d'un léger duvet de blé. Nous passons sans nous arrêter devant des villages cachés comme des nids dans un sillon. Une légère colonne de fumée monte de leurs toits et met un trait d'union entre la terre et le ciel. Cette réconciliation nous réjouit : car depuis trois jours on ne parle que d'inondations, de ponts emportés, de récoltes détruites.

Des deux côtés de la voie s'allongent de vastes forêts

de pins, aux fûts grêles, semblables à de gros cierges jaunes, et répandant une odeur balsamique et pénétrante. C'est dans ces forêts que, deux fois par an, la population de Francfort se transporte tout entière et dîne sur la mousse. Nous apercevons quelques cadavres de bouteilles, restes de la dernière ripaille champêtre. Nous sommes ici dans le midi, en plein pays de la mangeaille, dans une sorte d'île des plaisirs où coulent des fleuves de bière, des rivières de vin du Rhin et du Margraviat, où l'on rencontre des mines de jambons et des montagnes de choucroute ! Aussi l'habitant du Nord, plus sobre, plus énergique, a-t-il eu facilement raison de ces populations un peu molles et trop amies de la matière. Qu'on se rappelle la guerre de 1866. Y a-t-il eu quelque chose de plus triste que la résistance des États du Sud ? Ils capitulaient les uns après les autres sans combat. Le roi de Wurtemberg ne savait pas même monter à cheval ; le roi de Bavière accompagnait... sur le piano ses soldats partant en guerre ; le grand-duc de Bade ne tenait pas à se mettre trop mal avec son beau-père, le roi de Prusse. Tous les atouts étaient dans le jeu de M. de Bismarck. La partie était gagnée d'avance...

Francfort ! tout le monde descend de wagon. On n'a pas besoin de nous prévenir que nous sommes en Prusse : on le lit sur la figure rébarbative des employés que Berlin a envoyés ici et qui composent la garnison civile de l'ancienne ville libre, réduite à ronger inutilement son frein.

Il faut se hâter de voir Francfort ; ce n'est pas une ville qui se meurt, c'est au contraire une ville qui ressuscite ; mais, aux yeux de l'archéologue, de l'historien et

L'ancienne boucherie dans la rue des Juifs, à Francfort.

de l'artiste, cette résurrection équivaut à la mort. Encore dix ans de transformations successives, et l'antique cité impériale n'aura conservé de son passé que des photographies.

Les cariatides, fatiguées de porter depuis trois siècles leur énorme fardeau de pierre, s'affaissent tristement et disparaissent les unes après les autres ; les vieilles maisons gothiques aux devantures peintes, aux étages en saillie troués de fenêtres clignotantes, aux toits pointus surmontés de la girouette qui grince, semblent avoir été lavées à l'eau de Ninon, tellement elles sont rajeunies, pimpantes, méconnaissables.

La rue des Juifs n'est plus ! Un Haussmann prussien l'a éventrée à coups de marteau. Des monceaux de débris gisent à terre, pareils aux ruines produites par un bombardement. Une seule rangée de maisons bossues, contrefaites, grimaçant horriblement au soleil qui éblouit leurs petites vitres chassieuses, rappelle aujourd'hui ce quartier sombre et infect, où régnait je ne sais quel air de terreur et d'angoisse, où les maisons avides semblaient se pencher comme pour vous saisir à la gorge. Mais cette suite de masures encore debout n'encadre plus des têtes de vieillards à barbe blanche, au profil rabbinique, des juives au teint pâle et au regard noir, coiffées d'un fichu aux couleurs éclatantes ; à l'entrée des allées étroites et délabrées, plus de vieilles femmes aux yeux astucieux, au nez recourbé en bec de chouette, et drapées dans des haillons séculaires. Tout cet attirail pittoresque du moyen âge a disparu. La lumière a fait fuir ces oiseaux de nuit. Ils sont allés se blottir dans quelque grenier solitaire, en attendant qu'ils imitent Rothschild, sorti comme eux de cette Cour des miracles, et qu'ils se bâtissent des palais de princes dans les avenues du Mein.

Le *Rœmer* lui-même n'a pas été protégé par la majesté de ses souvenirs. La salle des empereurs, restaurée, badigeonnée, bariolée de dorures, a perdu son ancien caractère de grandeur imposante et sombre. Ces Césars allemands, appliqués contre les parois, ont des tournures de damoiseaux et ressemblent à des souverains de jeux de cartes. L'anachronisme vous met en fuite; mais vous le retrouvez au bas de ce large escalier que les empereurs descendaient autrefois d'un pas qui faisait trembler la terre. C'est un fabricant de boutons qui occupe le rez-de-chaussée du palais !

Et cette place du Rœmer, que le peuple remplissait de ses hourras lorsque les successeurs de Charlemagne se montraient au balcon du Kaisersaal, le front ceint de la couronne de l'empire, l'épée de saint Pierre dans la main droite, le globe terrestre dans la main gauche; cette place du Rœmer, que le cortège impérial traversait avec pompe, au roulement des tambours, au son des cloches et au bruit des trompettes, tandis que la foule, à laquelle on faisait largesse, se disputait les pièces d'or, se ruait sur le bœuf qui rôtissait tout entier et buvait le vin qui sortait des fontaines; cette place, qui renferme toute l'histoire d'Allemagne, n'a pu se soustraire au souffle de la transformation qui passe sur Francfort et en efface les derniers traits de poésie et d'originalité.

Le Dôme, comme s'il n'avait pas voulu survivre à cette destruction générale, a pris feu il y a six ans, le soir de l'arrivée de Guillaume à Francfort. Sinistre présage, dont on parle encore aujourd'hui !

En visitant, il y a une heure, la maison paternelle de Gœthe, dans le *Grosse Hirschgraben* (les grands fossés

Maison de la famille Rothschild, à Francfort.

aux cerfs), en voyant cette vieille façade décrépite, aux étages inégaux, au pignon flamand, au toit chargé de lucarnes, de clochetons et de girouettes, en montant cet escalier garni d'une rampe de fer finement ouvragé, en parcourant ces chambres basses aux meubles de velours usé, râpé, déchiré, en nous arrêtant devant ces grands poêles en maçonnerie et devant ces portraits de bourgeois en jabots et en cadenettes, nous avons eu comme une vision lointaine de ce qu'était Francfort à l'époque de la naissance du poète. Les remparts, aujourd'hui remplacés par des promenades publiques avec jets d'eau et avec cascades, étaient intacts, ils avaient leurs portes à herse, leurs ponts-levis, leurs sentinelles armées de mousquetons. Les couvents formaient au milieu de la ville de fraîches oasis de verdure, de douces retraites paisibles; le gai carillon de leurs cloches retentissait dans les airs, et les cigognes qui avaient établi leur nid sur les cheminées voisines n'en paraissaient pas effrayées. La *Zeil*, avec ses affreux magasins de bimbeloterie, de jupons, de corsets, de tournures et de postiches, avec ses vitrines où sont étalés notre luxe et notre misère, n'existait pas; on ne rencontrait pas sur ses trottoirs le « petit crevé », allemand plus hideux que celui d'espèce parisienne; il n'y passait ni la traîne de soie de la grande-duchesse de Gérolstein, ni le sabre retentissant du général Boum.

Francfort était une ville libre, mais point silencieuse; elle ne faisait plus d'empereurs, mais elle faisait des affaires. Placée au centre de l'Allemagne, presqu'au confluent du Mein et du Rhin, son mouvement commercial et industriel était immense. Ses foires, qui se tenaient quinze jours durant, à Pâques et au mois de septembre, attiraient des représentants de tous les peuples : Turcs, Arméniens, Russes, Hongrois, Italiens, etc. C'était déjà une cité cosmopolite, un grand bazar européen; mais ses richesses restaient modestement entassées dans des cours, dans des greniers, dans des entrepôts sur les bords de la rivière, d'où elles ne sortaient que pour aller prendre le Rhin et la mer. Le côté mercantile ne gâtait pas le côté pittoresque. Ceci n'avait pas tué cela.

Quelle ville, mieux que Francfort, était faite pour servir de berceau à Gœthe, le poète universel? Le passé y subsistait encore dans son faste et sa magnificence, dans la fantaisie et la richesse de son architecture; on retrouvait ses traces partout, et dans les rues, et dans les mœurs et les habitudes; le sifflet des locomotives n'avait pas dispersé cet essaim de légendes, de traditions, de grands souvenirs qui planait sur l'antique cité. Le cosmopolitisme moderne n'avait pas nivelé les caractères et les intelligences comme il nivelle les routes, et il y avait dans le *Rœmer* — ce palais devenu hôtel de ville — des hommes dignes de Rome. S'il est vrai qu'il existe des affinités mystérieuses entre notre âme et le sol qui nous a vus naître, aucun milieu ne pouvait être plus favorable que celui-là au développement moral et intellectuel du futur auteur de *Faust*.

Comme la maison de Schiller à Marbach, la maison paternelle de Gœthe est un musée national. Elle appartient à une association européenne de savants, de gens de lettres, d'admirateurs de l'écrivain.

Bien que je n'aime guère à passer en revue les collections de vieilles casquettes mangées des mites, de robes de chambre en loques, qui dépoétisent le génie, en me le montrant assujetti comme le dernier des mortels à toutes les vulgarités de l'existence, une visite à la maison de Gœthe me semble indispensable pour connaître sous son véritable jour celui qu'on s'est plu à nous présenter comme une espèce de Byron allemand. En parcourant ces chambres si simples, en voyant ce pauvre pupitre en bois de sapin sur lequel le poète a écrit tant de chefs-d'œuvre, on comprend qu'il y a deux Gœthe, celui de la fiction et celui de la réalité. Tout respire ici l'honnêteté patriarcale, l'homme sage qui règle son temps, son imagination et ses dépenses. Si, au beau temps du romantisme, Gœthe avait vécu à Paris, on l'eût flétri de l'épithète de « bourgeois ». Et cependant Gœthe avait vingt-cinq ans ; il était dans cet âge qui, selon son expression, est « une ivresse sans vin ».

La chambre dans laquelle le poète est né, le 28 août 1749, au coup de midi, est petite, triste, au troisième étage. Le portrait de sa mère y sourit encore de ce doux sourire qui dut illuminer sa figure pâlie, quand, après trois jours d'angoisses, la nourrice accourut lui annoncer que le nouveau-né vivait. Cet homme, que la statue de Schwandtaler représente comme un colosse de force et de génie, était si chétif à sa naissance qu'on le tint à peu près pour mort. Sa mère, on le comprend, eut pour ce frêle enfant des trésors d'affection. Elle entoura de soins cette plante délicate, et, plus tard, à ce tendre amour maternel vint se mêler une admiration qui devança celle de la postérité. Le petit Wolfgang lui témoignait, de son côté, une affection sans bornes et ne la quittait jamais : « Je ne pouvais, disait-elle, cesser de lui raconter des histoires. Je mêlais tout ensemble : l'air, l'eau, le feu, la terre. Je donnais aux éléments des figures de belles princesses, et je finissais souvent par croire les contes merveilleux que j'inventais. Quand j'étais obligée de me rendre à une invitation et de sortir, Wolfgang pleurait. Il m'accompagnait jusqu'à la porte et me demandait à voix basse : « N'est-ce pas, mère, la princesse n'épousera pas le tailleur, lors même qu'il tuerait le dragon? »

Gœthe laisse percer ses sentiments esthétiques dès son enfance. On rapporte qu'il était impossible de le faire jouer avec des enfants laids ou contrefaits. Il a conservé toute sa vie cet amour du beau idéal. Il avait horreur des monstruosités.

A son retour de l'université de Strasbourg, Gœthe occupa prosaïquement, pendant plusieurs années, la charge de procureur d'État. On vient de publier de nombreux mémoires juridiques écrits de sa main ; rien n'y trahit le prochain auteur de *Werther*. Cependant le souvenir de Frédérica, qu'il aurait voulu épouser, le poursuivait sans cesse. C'est pour l'oublier qu'il se jeta à corps perdu dans le travail. Il écrivit dans une mansarde, que l'on montre au visiteur, l'*Histoire de Gœtz de Berlichingen*. « Je dramatise l'histoire d'un noble Allemand, disait-il à Salzmann, au mois de novembre 1771 ; je sauve la mémoire d'un brave homme, et, bien que cela me coûte beaucoup de peine, j'occupe ainsi agréablement mes moments de loisir. J'ai besoin de m'occuper beaucoup. »

On retrouve dans ce roman de chevalerie — transformé plus tard en poème épique, puis en drame — le portrait de sa mère sous le nom d'Élisabeth, et celui de Frédérica sous le nom de Marie. L'influence de Shakespeare se fait particulièrement sentir dans cette composition. Les caractères, le style, tout rappelle la manière du poète anglais. Cette œuvre fut le premier essai de littérature romantique en Allemagne.

C'est dans cette même petite chambre où il composa *Gœtz de Berlichingen* que Gœthe, malade, en proie à la fièvre, écrivit *Werther*, sans se douter que ce roman allait le rendre célèbre du jour au lendemain. Il fut le premier étonné du retentissement de son livre. « C'est un mélange de vérité et de fiction, disait-il à ses amis, il ne faut pas prendre cela trop au sérieux. »

Après *Werther,* il fit une œuvre plus saine, *Clavijo.* « J'ai composé, je crois, écrivait-il, une tragédie ; j'ai dramatisé une anecdote moderne avec simplicité et vérité, mon héros est un homme ni trop grand, ni trop vulgaire. » *Clavijo* a de belles scènes, on le donne encore quelquefois au théâtre ; il est intéressant à lire, même après les *Mémoires* de Beaumarchais.

Il était de mode alors de correspondre beaucoup. Tous les écrivains en renom entretenaient entre eux des relations épistolaires. Gœthe ne tarda pas à entrer en correspondance avec Klopstock, l'auteur de la *Messiade,* Basedow, Jacobi, Stolberg. En 1774, Klopstock vint voir le jeune poète à Francfort. Lavater se rendit également à Francfort, au mois de juin de la même année. Le célèbre physionomiste avait demandé, avant de se mettre en route, à un de ses amis, le portrait de Gœthe. Celui-ci lui envoya le portrait de Bahrdt. Lavater ne s'y laissa toutefois pas prendre, et, lorsqu'il se trouva en présence de Gœthe, il fut tellement frappé de sa beauté qu'il lui dit :

— Êtes-vous réellement Gœthe?

— En chair et en os, répondit le poète.

Et ils se jetèrent dans les bras l'un de l'autre.

Deux ou trois mois plus tard, Charles-Auguste, duc de Weimar, honora le poète de sa visite, dans cette vieille maison du *Grosse Hirschgraben.* Il ne voulut pas s'en aller de Francfort sans emmener Gœthe avec lui. Le poète résista longtemps à ces avances princières, car il avait présent à la mémoire l'exemple récent du séjour de Voltaire à la cour du roi de Prusse. Enfin, poussé par son père, le jeune poète quitta sa chère ville de Francfort et émigra à Weimar, où son génie atteignit toute sa maturité.

En sortant de la maison de Gœthe, j'allai faire une promenade au Jardin zoologique, au Jardin des palmiers, et au faubourg de Sachsenhausen.

Le Jardin zoologique ressemble à notre Jardin d'acclimatation, avec cette différence qu'on y élève de jeunes ours, qu'on y garde des lions, des tigres, et qu'on y voit une collection de singes les plus gentils du monde. Un orchestre spécial y joue deux fois par jour : car l'Allemand, qui peut rester attablé avec des amis trois heures sans causer, ne peut passer une heure de désœuvrement sans musique. Le soir, les brasseries qui n'ont pas de violons sont généralement vides. Ici, on peut donc regarder les singes, caresser les beaux perroquets qui se balancent autour de vous sur leurs perchoirs dorés, suivre les évolutions des canards et des cygnes, les plongeons des cormorans, les sauts des gazelles et des biches, les promenades de l'éléphant, tout en savourant un verre d'excellente bière, en mangeant une côtelette, et en s'imaginant être tranquillement assis sur le pont de l'arche de Noé.

Le Jardin des palmiers (*Palmengarten*) est une seconde édition du Jardin zoologique. On y consomme aussi en admirant les merveilles du règne animal et du règne végétal. Une immense serre, qui s'ouvre sur la salle du restaurant, vous transporte comme par un coup de baguette en plein Orient, dans une oasis enchantée où les palmiers ont des feuilles plus larges que des parasols, où le gazon est d'une couleur d'émeraude, où des sources suintent avec des bruits argentins, du haut de rochers tapissés de mousse et étoilés de fleurs charmantes. Des oiseaux au plumage de rubis et de topaze voltigent dans cette atmosphère chaude et embaumée. Le meilleur orchestre de Francfort caresse vos oreilles, tandis que ce merveilleux paysage enchante vos regards et que la cuisine française du restaurant flatte agréablement votre odorat. Que ces Allemands sont donc pratiques !...

En allant à Sachsenhausen, nous avons longé les quais du Mein. Les eaux de la rivière n'ont pas cette transparence bleuâtre des eaux du Rhin ; elles sont jaunes, bourbeuses comme les flots du Nil. Les rares et lourdes barques amarrées à la rive, les voiles carguées, prouvent que la navigation s'est singulièrement ralentie, et que les marchandises prennent maintenant la voie plus commode et plus rapide des chemins de fer. Autrefois, ces quais avaient l'animation de ceux de Marseille ; ils sont aujourd'hui silencieux comme ceux de Venise.

Sachsenhausen est un faubourg d'ouvriers, remuant, actif. Ainsi que l'indique son étymologie, ce village fut fondé par les Saxons, au temps où Charlemagne posa, sur l'autre rive, la première pierre de *Franken-Fürth,* le gué des Francs. Primitivement, Sachsenhausen était habité par des pêcheurs ; on y voit encore plusieurs maisons qui empiètent sur le lit de la rivière et dans lesquelles les barques peuvent aborder, comme dans certaines maisons vénitiennes.

Francfort est encore plein des souvenirs de l'occupation prussienne en 1866.

Ce fut le 6 juillet que le Sénat annonça à la population l'entrée des Prussiens, « dont la bonne discipline était un sûr garant que personne ne serait inquiété ». En dépit de

« cette bonne discipline », toutes les maisons de banque se mirent sous la protection des consuls étrangers et arborèrent des pavillons américains, anglais, français ou suisses. Les rues étaient désertes comme un cimetière.

Les Prussiens n'arrivèrent qu'à neuf heures du soir. Leur entrée fut une entrée triomphale. A leur tête marchait, l'épée nue, le général Vogel de Falkenstein; les musiques jouaient, les tambours battaient, c'était un vacarme à réveiller les morts. Des billets de logement avaient été préparés pour cette armée d'envahisseurs; mais les soldats préférèrent choisir eux-mêmes leurs quartiers; ils se divisèrent en escouades de 50, 70, 100 et 150, que conduisaient des officiers, et pénétrèrent de force dans les maisons qui leur semblaient de bonne apparence. Les gens, réveillés en sursaut, couraient éperdus à travers leurs appartements. Des officiers, trouvant des chandelles sur leur table, obligèrent les femmes, en leur mettant le pistolet sur la gorge, à leur donner des bougies. Mais la première chose qu'ils réclamèrent, ce furent les clefs de la cave. La nuit se passa à boire des vins fins; ils en voulaient surtout au champagne.

Le lendemain, le général Vogel de Falkenstein, surnommé Vogel de *Raubenstein* (oiseau de proie), fit lire et afficher dans les rues une proclamation qui établissait l'état de siège, supprimait tous les journaux, interdisait les réunions privées, et annonçait, en outre, une longue série de réquisitions. Cette journée fut marquée par la mort tragique de M. le sénateur Fischer-Goulet, et par l'arrestation des rédacteurs de la *Gazette de Francfort*.

M. Sonnemann réussit à s'échapper et transporta son journal à Stuttgard.

Le 18 juillet, le général de Falkenstein, qui, la veille déjà, avait forcé la ville de Francfort à acheter chez le

Réquisition prussienne à Francfort.

fournisseur de l'armée prussienne plusieurs milliers de cigares, demanda qu'on lui livrât 60,000 paires de « bons souliers », 300 « bons chevaux de selle », et qu'on payât à ses soldats la solde d'une année ; en échange, il promettait de ne plus inquiéter les habitants. Le 19, on lui apporta 6 millions de florins ; mais, comme le général Vogel de Falkenstein fut appelé dans la soirée à un autre commandement, le Sénat recevait de nouveau, le 20 au matin, une note ainsi conçue :

« MM. les sénateurs de la ville de Francfort sont prévenus que leur ville est frappée d'une contribution de guerre de 25 millions de florins, payables dans les vingt-quatre heures.

« Quartier général de Francfort, le 20 juillet 1866.

« *Le général en chef de l'armée du Mein,*

« MANTEUFFEL. »

Les trois premiers banquiers de Francfort furent immédiatement délégués auprès du général pour lui rappeler les promesses de son prédécesseur et pour le prier de renoncer à de nouvelles impositions. Tout ce qu'ils obtinrent, ce fut un délai de trois fois vingt-quatre heures.

— Je sais, leur dit Manteuffel, qu'on me comparera au duc d'Albe, mais je ne suis ici que pour exécuter des ordres supérieurs.

— Et que ferez-vous si, d'ici à dimanche, nous n'ayons pas payé ? lui demanda un des membres de la députation. Vous ne...

— Je lis le mot sur vos lèvres, ajouta le général. Hélas ! oui, je livrerai la ville au pillage.

— En ce cas, que ne mettez-vous, comme Néron, immédiatement le feu aux quatre coins de Francfort?

A cette sortie, le général de Manteuffel se contenta de répondre en souriant :

— Rome n'est ressuscitée que plus belle de ses cendres[1] !

Avant de se séparer du général, la députation lui demanda si cette imposition serait bien la dernière :

— De ma part, oui : je vous en donne ma parole d'honneur ; mais un autre général peut venir prendre ma place, avec des ordres que je ne connais pas.

La menace du pillage et du bombardement de la ville se répandit avec la rapidité de l'éclair : les bourgeois et les banquiers se cotisèrent pour payer la rançon.

Cinq jours plus tard, le général de Rœder appela chez lui le président de la chambre de commerce, et lui donna lecture du télégramme suivant, que M. de Bismarck venait de lui adresser :

« Puisque les mesures prises jusqu'ici n'ont pas suffi pour vous mener au but, fermez, dès ce soir, les bureaux des postes et des télégraphes, les brasseries, les auberges, tous les établissements publics ; interdisez l'entrée en ville à tous les voyageurs et à toutes les marchandises. »

Les habitants durent s'exécuter et payer.

Avant de quitter Francfort, disons comment cette ville fut fondée. Saintine a si bien conté cette légende que nous allons la lui emprunter :

« Vers la fin du huitième siècle, par une belle et fraîche matinée de juin, un jeune garçon, sabotier de son état.

1. Je tiens ce dialogue d'un témoin de cette scène.

Les Prussiens dans l'Allemagne du Sud en 1866.

pour le moment oiseleur par amour, avait étendu ses filets et fixé ses gluaux le long de la rive droite du Mein. En face de lui, de l'autre côté de la rivière, s'étendait cette immense forêt Hercynienne dont la traversée, au dire de César, exigeait soixante journées de marche. Abrité derrière un rocher, notre adolescent sifflait, pipait, imitait de son mieux le chant des oiseaux qu'il espérait attirer dans ses pièges, soit de la plaine, soit de la forêt. A sa blonde fiancée il avait promis de rapporter un rossignol, ou tout au moins un sansonnet. Mais rien ne répondait à cet appel. Il s'étonnait, il s'irritait de ce silence complet, continu, inaccoutumé, quand un léger gazouillis s'éleva des buissons de la plaine et des roseaux du fleuve. A ce gazouillis, des lisières de la forêt répondit le roucoulement des ramiers : notre oiseleur se frotta les mains ; mais au chant des oiseaux venait de succéder un bruit sourd et profond, semblable à celui que fait le vent s'engouffrant dans les hautes futaies. Cependant pas une feuille ne bougeait aux arbres. Sous les buissons, comme sous les roseaux, tout était redevenu muet, et, au lieu de rossignols et de sansonnets, des milliers d'oiseaux de proie volaient éperdus sur les cimes des chênes et des sapins. Tout à coup des hurlements, des rugissements, des bramements retentirent en cris de détresse.

« Notre oiseleur-sabotier, chrétien depuis un an à peine, et non déshabitué de ses anciennes croyances, pensa que le dieu Thor, armé de sa lourde massue de fer, venait de se mettre en chasse. Il releva ses filets en toute hâte, et s'enfuit. Mais le jeune homme était curieux (je ne l'en blâme pas); parvenu au sommet d'une colline, il fit taire un instant sa frayeur et se retourna.

« La vieille Hercynie, prise d'un haut-le-cœur, semblait vomir à la fois tout ce que dans ses vastes enceintes elle contenait de cerfs, de loups, de lynx, de sangliers, d'ours et de taureaux sauvages. Il put les voir, inoffensifs les uns envers les autres, ralliés par une terreur commune, errer pêle-mêle aux abords de la forêt. Les lièvres, les renards, les putois leur trottaient entre les jambes sans exciter leur colère ni même leur attention. Puis, tous rentraient sous les hauts taillis, pour en ressortir aussitôt en recommençant leur effroyable symphonie. Plus expérimentée qu'eux, plus effrayée peut-être, une biche, au pelage fauve, l'œil inquiet, la narine ouverte, l'oreille au vent, au lieu de retourner sur ses pas, s'avança jusqu'aux bords du fleuve. Après l'avoir interrogé du bout de ses fuseaux, elle le franchit, non à la nage, mais à gué ; car sur ce point existait un gué qui non seulement aida le pauvre animal à mettre les flots du Mein entre lui et le danger, mais, par voie d'imitation, rendit le même service à un grand nombre de personnages bien autrement importants.

« Du haut de son éminence, l'oiseleur-sabotier, qui ne songeait plus guère alors ni aux rossignols ni aux sansonnets, ni peut-être à sa blonde fiancée, vit à travers les branchages apparaître une foule de figures plus hideuses encore que celles des ours et des sangliers. Il crut à une invasion de l'Olympe scandinave. Ses anciens dieux, par lui récemment désertés, venaient lui demander compte de son apostasie.

« Ces dieux vengeurs n'étaient autres que de pauvres soldats francs, mis en déroute par un ennemi supérieur en nombre, comme on disait déjà au huitième siècle. Avant de marcher au combat, dans la louable intention d'inspirer la terreur à leurs ennemis, ils s'étaient revêtus de la peau de toutes sortes de bêtes féroces, moyen qui leur avait peu réussi cette fois, et serrés de près par un

Soldats francs et germains au huitième siécle.

vainqueur acharné et impitoyable, ils prévoyaient tristement que le Mein allait leur servir à tous de tombeau, quand le passage de la biche au pelage fauve signala une voie de salut.

« Ils franchirent le gué à leur tour, d'abord au nombre de cent, puis de mille, puis de dix mille. Et, quand ils furent tous réunis en ordre dans la plaine, un homme haut de six pieds, qui semblait les dépasser par son autorité aussi bien que par sa taille, s'avança au milieu d'eux et tomba à genoux après avoir fait le signe de la croix, mouvement aussitôt imité par ses dix mille compagnons. Le jeune oiseleur-sabotier, comprenant qu'il avait affaire à des chrétiens, descendit de sa colline, mais s'arrêta à mi-côte en voyant l'homme de six pieds agiter en l'air sa longue lance, l'implanter dans le sol d'une main vigoureuse, et adresser à ses soldats quelques mots dont ces derniers seuls parvinrent à son oreille :

Franken-Fürth.

Cet homme de six pieds, c'était l'empereur Charlemagne.

« Tombé dans une embuscade de Witikind, cerné par la double armée des Saxons et des Danois, il rendait grâce à Dieu de sa délivrance inespérée, et prenait devant lui l'engagement d'établir là une forteresse qui porterait le nom de *Franken-Fürth*, « le gué des Francs ».

Et c'est ainsi que fut fondé Francfort.

VIII

HEIDELBERG. — WURTZBOURG. — NUREMBERG

De Francfort, un multiple réseau de voies ferrées part dans toutes les directions de l'empire. On peut à volonté se diriger au nord ou plus au sud, à l'est ou à l'ouest.

Poussons d'abord une pointe jusqu'à Heidelberg : c'est une promenade de quelques heures.

Montons rapidement au château. Je n'ai pas l'intention de refaire une description déjà si souvent faite. Et cependant pourra-t-on jamais se lasser d'admirer cette ruine imposante, délaissée par les hommes, mais dont la nature a pris soin et qu'elle couronne de son éternelle jeunesse ? Ne dirait-on pas que les siècles passés se dressent autour de vous, dans ces statues aux poses héroïques, dont quelques-unes, cruellement atteintes, se débattent dans les convulsions de la mort ? Le soleil qui se couche les enveloppe de reflets sanglants, comme au soir de la bataille, et il semble qu'elles jettent à l'ennemi invisible une dernière malédiction.

Ayons le courage de l'avouer, cette guerre du Palatinat

fut pleine d'atrocités. Turenne incendia quatre cents villes et villages, et les paysans, pour se venger, brûlèrent les églises avec les soldats français qui y campaient. Après le traité de Nimègue, en 1678, Louis XIV, qui rêvait, si l'on en croit les historiens allemands, de rétablir à son profit l'empire de Charlemagne, se fit représenter foulant aux pieds quatre esclaves enchaînés : l'Espagne, l'Allemagne, la Hollande et le Brandebourg. On lui fit aussi une pendule surmontée d'un coq gaulois : chaque fois que le belliqueux volatile chantait, un aigle allemand s'enfuyait en battant de l'aile.

La haine contre les Français s'est perpétuée jusqu'à nos jours dans l'Allemagne rhénane. On rencontre encore des chiens répondant au nom de Mélac. On sait que ce général incendia Worms, Spire, Heidelberg ; il laissa, dit-on, ses soldats jouer aux quilles avec les ossements des empereurs germaniques, enlevés aux cathédrales des bords du Rhin.

Je jetai un dernier coup d'œil sur cette merveilleuse façade du palais d'Othon, véritable devanture de palais de fée, dont les hautes fenêtres se détachent toutes rouges sur l'azur foncé du ciel, et je redescendis, ayant sous mes pieds la ville, qui se remplissait des vagues rumeurs du soir et sur laquelle flottait déjà un long voile de brume, que perçaient çà et là les clochers gothiques et le faîte crénelé des vieilles tours.

Et, en regagnant rapidement la gare, je me rappelai l'histoire des premiers colons romains et celle du légendaire tonneau.

« Peu de temps après l'ère chrétienne, les Romains, maîtres de la Germanie, avaient visité les bords du Nékar, portant d'une main un épi de blé, de l'autre un cep de vigne. Sur les collines, rameaux inférieurs de

Nuremberg.

Kœnigstuhl, ils avaient trouvé de pauvres pâtres conduisant de maigres troupeaux ; dans la vallée, de misérables pêcheurs se nourrissant moins de poisson que de galette de sarrasin : de la plupart ils firent des laboureurs et des vignerons. Avec le vin, avec le blé, la vie facile, le commerce y étaient nés. Vers le troisième siècle, les Romains, qui colonisaient le monde au bénéfice de tous, peu semblables, sous ce rapport, à certaine autre nation colonisatrice, avaient, en faveur de ce commerce naissant, dépierré le Nékar, l'avaient endigué, rendu navigable. Sur ses bords, ils élevaient des retranchements ; sur les montagnes qui l'avoisinent, des forts, pour protéger les vallées contre les invasions de ces terribles Allemands, aujourd'hui refoulés dans les profondeurs de la forêt Noire sous forme de bouviers, de charbonniers, de bûcherons, de fabricants d'horloges en bois et de boîtes à musique.

« Les cabanes des vignerons et celles des laboureurs se rapprochaient l'une de l'autre; Heidelberg était là en germe.

« Au neuvième siècle, c'était un village carlovingien, que traversa le roi des Français, Louis le Débonnaire ; au douzième, Conrad de Hohenstaufen, premier comte palatin du Rhin, s'y créa une résidence. Louis de Bavière vint plus tard, qui l'agrandit et l'embellit. Dès ce moment, Heidelberg devint la capitale du Palatinat. Aujourd'hui, elle n'est comptée qu'au troisième rang parmi les villes du grand-duché ; mais combien, par la splendeur de ses souvenirs, par sa science, par ses monuments, par ses ruines même, elle efface ses deux pâles et fastidieuses compétitrices, Manheim et Carlsruhe ! C'est en 1803 que Heidelberg, avec le Palatinat du Rhin, devint partie intégrante des États bavarois.

« Le maître tonneau d'Heidelberg reste en grand

honneur dans toute l'Allemagne vineuse ; le buveur, à sa première rasade du matin, s'oriente vers lui comme le musulman vers La Mecque, le parsi vers le soleil.

« Pour l'acquit de leur dîme, les vignerons du Palatinat devaient le remplir chaque année ; mais il subit nécessairement le sort du château : l'un fut pillé, l'autre fut vidé. Les Français, les Bavarois, les Impériaux, Barberousse, Turenne et Mélac passèrent par là, buvant à même, et brisant le vase après en avoir bu le contenu.

« L'ennemi en retraite, l'électeur le faisait reconstruire, et dans des proportions de plus en plus vastes, ce qui augmentait l'étonnement et l'admiration des amateurs de grosses futailles, mais augmentait aussi, du même coup, l'impôt prélevé sur les vignerons.

« Le plus colossal des tonneaux qui aient jamais été construits à Heidelberg, et probablement dans le monde entier, est celui qu'on y voit aujourd'hui. Il a vingt-quatre mètres de circonférence sur onze de longueur ; il contient, ou plutôt a contenu deux cent quatre-vingt-trois mille deux cents bouteilles.

« Rappelant par sa forme arrondie et massive un brick hollandais assis sur son chantier, il repose majestueusement sur de solides supports, décoré à son gaillard d'avant comme à son gaillard d'arrière de sculptures représentant les armoiries de l'électorat, et un Bacchus entouré d'égypans. Un double escalier lui contourne le flanc et permet au curieux, après avoir admiré sa carène, d'aller se promener sur son pont. Sur ce pont un bal a été donné en l'honneur d'une heureuse vendange, et l'électeur y dansa avec toute sa cour.

« Les sept merveilles de l'ancien monde ont fait leur temps ; le colosse de Rhodes est tombé, les jardins de Babylone ont disparu, la muraille de la Chine s'écroule, le sable du désert envahit les pyramides ; Heidelberg aura eu l'honneur de fournir deux merveilles à l'ère nouvelle : son château et son tonneau. Ce tonneau, ce mastodonte, ce mammouth des caves, construit en 1751 par Engler, tonnelier-ingénieur de l'électeur Charles-Théodore, a été rempli trois fois. Si la vendange trompait l'espoir du vigneron, Charles-Théodore, en bon prince, daignait réduire l'impôt à la contenance de son moyen tonneau, jaugeant cent cinquante mille litres. Venait-elle à faire défaut tout à fait, il voulait bien se contenter du petit baril à la Vierge, qui ne contenait que trente mille bouteilles.

« Dans la cave d'Heidelberg, outre les trois tonneaux, on voit une petite statue en bois, une espèce de mannequin, en culottes courtes, en habit de soie, portant perruque et la canne à la main.

« Quel est ce magot ?

« A la cour de Charles-Théodore existait un homme, un petit homme, Clément Perkeo, son bouffon, qui, tout autant qu'Engler, le tonnelier-ingénieur, surveillait les tonneaux avec amour.

« S'il restait au château, on le voyait se promener plus souvent dans les caves que dans les jardins ; s'il en sortait, il ne dirigeait sa marche que vers les coteaux tapissés de vignes. Rentrait-il soucieux :

« La récolte menace, disait-on. Quelles nouvelles, Perkeo?

« — Médiocres, répondait-il, moyen tonneau. »

« Se montrait-il tout à fait abattu, on pressentait le tonneau de la Vierge.

« Pour le guérir de ses humeurs noires, Charles-Théodore, sur sa parole de palatin, s'engagea à le laisser lui-même régler sa pitance de vin, quel que fût le résultat de la vendange, en y mettant toutefois cette restriction que, s'il lui arrivait de s'enivrer, il serait fustigé d'importance.

« Jamais Perkeo n'encourut cette honte. Cependant il absorbait régulièrement par jour quinze à dix-huit bouteilles de markgrafler ; il n'était point gris, il était gai, ce qui ne pouvait que convenir parfaitement à son état de bouffon.

« Son maître l'interrogeant pour savoir quel avait été, selon lui, le plus grand homme de l'Allemagne, il nomma sans hésiter l'empereur Venceslas, qui, dépossédé du trône, n'avait rien réclamé que son droit de dîme sur les vins du Rheingau. Par son testament, Perkeo demanda à être enterré sous le gros tonneau. Peut-être espérait-il que, grâce à quelque fissure, le colosse serait encore son tributaire. On ne put satisfaire à cette dernière volonté du joyeux ivrogne ; mais, par décret spécial de l'électeur, il fut ordonné que, même après sa mort, Clément Perkeo resterait gardien des caves.

« Voilà pourquoi y figure encore ce mannequin de bois et d'étoupe, représentant exactement, assure-t-on, la taille, le costume et les traits du personnage. Près de ce simulacre en culottes courtes, est une petite horloge, ouvrage de Perkeo[1]. »

Rentré à Francfort, je partis le lendemain pour Nuremberg, en passant par Würtzbourg.

Würtzbourg qui, par sa situation géographique, se trouve dans la zone la plus chaude de l'Allemagne, est une jolie ville, coquettement assise au bord du Mein, à l'ombre de pampres verdoyants. Nonchalante et molle, elle laisse au soleil le soin de mûrir ses vignes et au fleuve celui d'arroser ses champs. Les Prussiens, peuple habile, remuant,

1. Saintine.

actif, accapareur, sont descendus en longues caravanes vers cette nouvelle terre promise. Ce sont eux qui vendangent maintenant sur les coteaux féconds du Mariens-

Une rue sur la Peghitz, à Nuremberg.

tein; leur industrie, affranchie des anciens préjugés, a fait de Würtzbourg la plus grande fabrique de johannisberg, de pomard, de chambertin, de pontet-canet et de château-laffitte qui existe sur le continent.

Würtzbourg est un musée d'architecture, où l'on passe

sans transition du roman et du gothique au rococo le plus raffiné et au moderne le plus lourd. Le palais des princes-évêques, avec ses trois cent douze chambres et ses vingt-cinq cuisines, ses fioritures de pierre, ses fresques italiennes, son salon aux miroirs, est, aux yeux des Allemands, bien plus beau que le château de Versailles, même quand l'empereur Guillaume y était. L'ostentation, et non l'amour de l'art, a présidé à cette orgie de clinquant. Sous le rapport des dorures, de tout ce qui brille et reluit, de tout ce qui tire l'œil, les Allemands sont comme les peuples enfants. Ils aiment les grosses chaînes, ils portent de grosses bagues à chaque doigt, ils se passeraient volontiers des anneaux dans le nez; les paysans bavarois sont tous ornés de boucles d'oreilles; les plus pauvres se contentent, il est vrai, d'un clou doré, rivé à une seule oreille. Les femmes n'aiment que les étoffes voyantes et se chargent de bijoux.

Les caves de l'ancienne résidence épiscopale sont aussi célèbres que celles d'Heidelberg; elles ne renferment pas moins de cinq cent soixante-dix tonneaux. Le baron de Pœlnitz, qui les visita au bon temps, en parle ainsi dans ses Mémoires : « Je trouvai la cave illuminée comme une chapelle qui devait servir à mes funérailles ; elles se firent avec pompe, les verres servirent de cloches; au lieu de pleurs on répandit du vin; et le service fait, deux heiducks du prince me portèrent dans un carrosse, et de là dans mon lit, mon tombeau. »

Le *castellan*, — traduisez par le concierge, — gros Silène qui vous montre ces caves en frappant amicalement sur le ventre plein des tonneaux, ne manque jamais de vous offrir du vin, contre argent sonnant, bien entendu ; et pour pousser l'étranger à la consommation, il répète de sa voix d'entonnoir la chanson chère aux tribus germaniques :

> Wer niemals einen Rausch gehabt,
> Der ist kein braver Mann, etc. [1].

Quelquefois les bourgeois et même les dames de Würtzbourg accompagnent leurs hôtes étrangers dans ces fameuses caves ; ils ont alors la précaution d'emporter du pain et du jambon... afin de pouvoir aller jusqu'au bout ; car, si le visiteur est de distinction, on fait bien les choses : on monte l'échelle des vins, bouteille à bouteille, jusqu'à une hauteur si vertigineuse qu'il n'est plus possible de se tenir debout.

Un autre édifice, chef-d'œuvre de mauvais goût, surchargé de bibelots, écrasé d'ornements baroques, le *Neu-Munster,* fait l'admiration des Allemands du Nord et du Sud.

Combien j'aime mieux ce vieux Dôme qui s'élève quelques pas plus loin, massif, sombre, austère, imposant! Tout y est mystérieux comme la mort. Dans les chapelles à demi éclairées, des christs tragiques exposent leurs corps sanglants; et l'on erre à travers les tombeaux de marbre des princes-évêques comme à travers des catacombes royales. Ils sont là, tous endormis dans la splendeur de leur gloire épiscopale et de leur souveraineté terrestre, sans savoir si l'on pleure leur trépas, ou si l'on maudit leur mémoire. Voilà le bienfaiteur de Würtzbourg, Julius Echter von Mespebrunn, qui fonda l'hôpital, qui reconstitua l'université ; voici Melchior von Zobel, qui fut assassiné dans une rébellion populaire ; voilà Auguste von Ehrenberg, qui fit brûler dans son évêché

1. Celui qui ne s'est jamais « grisé » n'est pas un brave homme.

plus de neuf cents sorciers et sorcières, et qui condamna, pour sortilège, son propre neveu à être décapité; voilà encore Gottfried von Hohenlohe, qui dort à côté de son épée. Toute l'histoire de Würtzbourg est retracée dans ces monuments; on lit sur la figure belliqueuse et barbue de tous ces évêques, qui tiennent la crosse d'une main et l'épée de l'autre, leurs luttes et leurs combats avec leurs sujets et leurs voisins.

Le célèbre poète errant du moyen âge, Walther von der Vogelweide, a aussi son tombeau à Würtzbourg. On a placé sur le marbre funèbre le gobelet dans lequel il donnait à manger aux petits oiseaux du ciel, ses inspirateurs et ses amis. Le poète avait légué en mourant une partie de sa fortune aux oiseaux de sa ville, qui devaient, « eux et leurs descendants, trouver constamment des grains de mil sur sa tombe ».

Les canonicats dans les cathédrales de Würtzbourg et de Bamberg étaient regardés comme les meilleurs d'Allemagne. Les prélats touchaient de vingt à trente mille florins par an. Les chanoines n'étaient obligés de résider qu'un mois de l'année dans leur cathédrale. Chacun d'eux recevait, à son entrée au chapitre, un coup de houssine de ses confrères. On empêchait ainsi les princes, qui ne pouvaient se soumettre à cette humiliante coutume, de faire partie du chapitre.

Bien que Würtzbourg ait remplacé ses remparts par de charmantes promenades, que ses portes aient été abattues, la ville a conservé le fier et pittoresque caractère d'une vieille cité catholique et féodale. Les transformations modernes ont touché au cadre, sans gâter le tableau. On voit encore sur les façades de petits Jésus, et, le soir, des lampes s'allument devant les madones; toute la journée on entend les cloches des églises et des monastères qui se répondent; mais on ne rencontre plus, il est vrai, les augustins de Würtzbourg, avec leur croix bleue émaillée sur leur grand manteau, gardant leurs cochons, qu'ils avaient le privilège de laisser librement courir par la ville avec une sonnette au cou.

Cependant on peut dire encore de Würtzbourg ce que Heine disait de Gœttingue : « Les habitants sont partagés en étudiants, en professeurs, en philistins et en bétail : quatre états entre lesquels la ligne de démarcation n'est rien moins que tranchée. » Les étudiants circulent par hordes, avec leurs petits bonnets brodés, leur nez et leurs joues que le duel a endommagés, leurs hautes bottes et leurs bouledogues. La lutte électorale les a divisés en deux camps, et ils se regardent entre eux comme chiens et loups.

L'université de Würtzbourg compte actuellement 800 « fils des muses », parmi lesquels on voit 3 Japonais, 4 Turcs, 17 Russes, 19 Suisses et 1 Français. Les facultés de théologie et de philosophie sont fréquentées exclusivement par les jeunes gens qui se destinent au sacerdoce. En Allemagne, les études théologiques se font à l'université; on n'entre au séminaire qu'une année avant de recevoir les ordres.

En 1817, le roi Maximilien réorganisa l'université de Würtzbourg sur des bases toutes nouvelles; il y appela les célèbres professeurs de théologie Féder, Grebner, Holzbau, Oberthur, l'historien Schmidt, le philosophe Schelling. La bibliothèque universitaire a été fondée par un don de 71,000 florins fait par un chanoine du chapitre de Würtzbourg. Les particuliers l'ont augmentée de plusieurs livres rares qui se conservaient dans les familles. En 1803, on retira du tombeau de saint Kilian son livre d'évangile qui a enrichi la bibliothèque d'une relique sans prix. On conserve également un livre d'heures de Marie Stuart. Un cabinet d'histoire naturelle, un cabinet de physique et de chimie, un jardin botanique, un observatoire, une clinique, une collection anthropologique, un laboratoire pharmaceutique, un institut de musique et une galerie de peinture sont annexés à l'université. Il y aurait une curieuse étude à faire sous le titre : *Comment on fonde une université*. L'État n'a pas déboursé grand'chose ; il n'a accordé que des privilèges, et a laissé le reste à l'initiative privée. Les donations du clergé et des particuliers, l'intérêt des citoyens pour l'éducation de la jeunesse, voilà ce qui a fait surgir du sol allemand cette fourmilière de petites républiques académiques, indépendantes les unes des autres, vivant de leur vie propre, et qui, jusqu'en 1870, avaient toujours su se soustraire à la domination de l'État.

Dans la soirée je pris le train pour Nuremberg.

Il y a des villes dont la vue s'incruste dans la mémoire, comme si on l'y avait gravée à l'eau-forte. Moscou, Venise, Naples et Nuremberg sont de ce nombre. Pour s'y transporter en pensée, il n'est pas nécessaire d'évocation : on ferme les yeux, leur image se lève, sombre ou brillante, sévère ou gracieuse, dans le cadre blanc d'un paysage de neige, au bord d'une mer bleue comme le ciel qu'elle berce, ou dans la ceinture grise d'épais remparts.

Tel est Nuremberg.

Sans le moindre effort d'imagination, il me semble que j'y suis encore.

De toutes les villes d'Allemagne, c'est la plus originale et la plus typique. Elle ne ressemble qu'à elle-même.

A Dantzig, à Ulm, à Leipzig, à Cologne, on rencontre bien, çà et là, quelques vieilles maisons qui ont conservé

La Belle-Fontaine, à Nuremberg.

intact leur cachet du quatorzième, du quinzième ou du seizième siècle, mais ce sont les épaves d'un passé qui n'est plus; leur façade détonne au milieu de la plate et froide uniformité des constructions modernes. On dirait de vieux arbres desséchés dans une jeune et verte futaie.

A Nuremberg, pas de dissonance, pas de tons disparates dans le tableau ; tout se fond dans une admirable harmonie ; l'ensemble est le plus parfait que puisse désirer l'œil de l'artiste et de l'archéologue. Les nouvelles maisons qui se sont élevées à la place ou à côté des anciennes ont le même style, la même physionomie vénérable d'aïeule. Les petites-filles ne se sont pas émancipées, la fanfreluche étrangère ne leur a pas tourné la tête, elles sont restées fidèles à la mode de leurs grands-parents et à la tradition des ancêtres.

Toutes les maisons sont hautes, massives, ventrues, coiffées de grands toits rouges percés de plusieurs étages de lucarnes et projetés en saillie sur de vastes balcons sculptés. De la lucarne maîtresse s'avance l'arbre d'une grue avec sa corde enroulée qui servait autrefois à rentrer les récoltes et les moissons, les fèves brunes et les gerbes d'or de la plaine franconienne.

Les maisons du peuple sont en bois, celles des marchands et des patriciens en pierre, avec de vieilles enseignes bizarres au-dessus des portes, des colonnes montant d'un seul jet du seuil jusqu'au faîte, des statues gothiques en vedette aux encoignures, des fenêtres carrées surmontées de frontons grecs, des balcons vitrés, gracieuses *échauguettes* renfermant, comme dans une cage de verre, les belles Nurembergeoises, avides de voir ce qui se passe au dehors. C'est dans ces espèces de miradores qu'elles se tiennent l'après-midi, assises sur des coussins de velours, et tricotant des bas de laine pour leurs maris.

L'architecture bourgeoise du moyen âge et de la Renaissance a décoré ou surchargé ces maisons de tout son luxe, de tous ses caprices et de tous ses styles ; mais chacune d'elles a sa manière d'être, sa pose et son maintien, son attitude personnelle, hautaine ou humble, fière ou

Statue de Peter Vischer à Nuremberg.

modeste, pacifique ou guerrière, qui semble révéler le caractère de celui qui l'a bâtie. Quelques-unes sortent du rang, s'avancent avec hardiesse dans la rue, comme pour la commander ou barrer le passage ; d'autres, avec une timidité coquette, reculent, cherchent à se soustraire aux regards indiscrets, à se cacher, dans l'espoir peut-être de se montrer mieux. Aussi quel mépris de la ligne droite dans ces rues et ces ruelles, courant au hasard, en zigzags ; qui se coupent, se croisent, luttant d'espièglerie avec les méandres et les sinuosités de la rivière, et allant toutes se heurter à la massive enceinte de la ville, encore aussi solide pour la défense que le jour où Wallenstein l'entoura de son armée.

Trois cents tours de formes variées, sveltes et rondes comme des bouteilles, ou carrées comme des dés, avec leurs créneaux et leurs mâchicoulis, leur toit en arête ou en éteignoir, surmonté de girouettes grinçantes et extravagantes, de flèches ou d'aiguilles, élèvent au-dessus de la ville un front superbe, que les hirondelles couronnent de leur vol circulaire.

Et que d'églises découpant les dentelles noires de leur clocher sur le fond bleu clair du ciel, et soutenant de leur flèche, comme un clou d'or, une draperie de nuages aux tons chatoyants de peluche blanche !

Les jolies fontaines qui ornent les places ; la Pegnitz avec ses ponts pittoresques, ses beffrois, qui partage la ville en deux, doublant dans le miroir de ses eaux la silhouette des tours et des églises ; l'ancien château serré dans sa cotte de pierre, debout dans une pose de vigilance et de courage, sur son monticule rocheux, complètent la physionomie de cité antique de l'ancienne ville impériale.

Aller à Nuremberg, c'est visiter l'Allemagne du passé,

faire un voyage chez ces bons et honnêtes bourgeois des quatorzième et quinzième siècles, dont la bedaine dansait aux sons de leurs joyeux rires, et qui, heureux et libres dans leur ville libre, ne travaillaient pas pour les rois à coups de fusil et à coups de canon, mais à coups de maillet et de marteau, à coups d'archet et à coups de pinceau. Ils étaient orfèvres, horlogers, sculpteurs, graveurs, musiciens, peintres, fabricants d'instruments d'optique, de mathématiques, et ils décoraient les palais des princes de leurs statues et de leurs tableaux ; ils les embellissaient de leurs inventions et les enrichissaient de leurs découvertes. Georges Ruprecht et Sébald Schœnhofer, en construisant sur la place du Marché la Belle-Fontaine, nous montrent à quel degré de perfection était arrivé cet art de l'orfèvrerie, qui faisait au moyen âge la gloire de Nuremberg. Pierre Hemlein fabriqua les premières montres, ces célèbres « œufs de Nuremberg » qu'on ne voit plus que dans les musées. Erhard Etzlau trouva le compas ; Beheim confectionna le premier globe terrestre et découvrit, dit-on, le nouveau monde. Étant à Lisbonne quand la mort le frappa, il aurait légué le secret de sa découverte à Christophe Colomb. Albert Dürer, le Raphaël allemand, moins idéal, mais plus humain que le divin Sanzio, inventa le procédé ingénieux de la gravure à l'eau-forte et vit les rois se disputer comme des provinces ses dessins et ses tableaux.

C'est dans la cathédrale Saint-Laurent qu'il faut aller admirer les merveilles du ciseau d'Adam Kraft. Cette église, avec ses deux tours carrées, l'une revêtue d'un métal argenté, l'autre d'un métal vert natté d'or, décorées vers le faîte d'un élégant treillage de pierre, épanouit, à l'extrémité de la rue Caroline, son magnifique portique ogival et son énorme rose surmontée d'une espèce de mitre découpée, brodée et fleurie de petites roses, satellites de la grande.

Écrin superbe, digne des richesses artistiques qu'il renferme, ce monument de la foi catholique du quatorzième siècle a conservé, en passant aux mains des protestants, sa pompe romaine, son luxe poétique de fleurs, de vases et de chandeliers d'or, les tableaux et les marbres resplendissants de ses autels; les Vierges graves et pensives de Dürer et de Wolgemuth n'ont pas été troublées dans leurs méditations pieuses, pleines d'une douce rêverie.

Adam Kraft, en adossant à un pilier du chœur sa *Maison sacramentelle*, a voulu laisser un souvenir impérissable de son génie à sa ville natale. La pierre, sous son souffle créateur, a pris vie, elle a poussé comme une tige puissante, envahissant toute la voûte de l'entortillement et de l'embrouillement de ses branches et de ses rameaux entremêlés des scènes de la Passion. On dirait l'arbre symbolique de la Croix. Il s'enracine dans un tabernacle décoré de quatre statues de saints et supporté par trois hommes de grandeur naturelle, agenouillés. Le style gothique a déjà ici la grâce et la délicate fantaisie du style de la Renaissance italienne; et ce monument, qui mesure soixante-quinze pieds de haut, ressemble bien plus à une grande pièce d'orfèvrerie qu'à une sculpture sur pierre.

Un autre artiste, Pierre Vischer, dont le nom a été donné à la rue qui conduit de la cathédrale Saint-Laurent à l'église Saint-Sébald, a enrichi cette dernière d'une œuvre sans pareille au monde.

Son *Tombeau de saint Sébald* est empreint d'un sentiment sublime de la religion et de l'art. Jamais jusqu'alors, en Allemagne, on n'avait su unir tant de grâce à tant de force. Albert Dürer seul eût été capable de dessiner le plan de ce mausolée si, comme lui, Pierre Vischer n'eût

Tombeau et châsse de saint Sébald, à Nuremberg.

visité l'Italie au plus bel épanouissement de sa renaissance.

La châsse lamée d'or et d'argent qui renferme le corps de saint Sébald est placée au milieu d'un petit édifice aux délicieux clochetons byzantins, tout peuplé de statues et de jolis anges. De fines colonnettes auxquelles sont adossées de graves apôtres, drapés à la manière antique, montent en légers fuseaux, ornées à leur base de lions, d'hercules et d'insectes qui rappellent les œuvres les plus élégantes des artistes florentins. Les bas-reliefs qui entourent le socle et retracent les épisodes de la vie de saint Sébald sont dans le goût allemand. Les figures nues, assises au pied du tombeau, ont la vigueur des créations de Michel-Ange ; et les sirènes aux formes fuyantes qui soutiennent des candélabres aux quatre angles semblent avoir été posées là par la main aristocratique du Primatice. Mélange naïf et charmant du spiritualisme chrétien et de la mythologie païenne, de la religion de la souffrance et de la religion de la joie : couronne d'épines entremêlée de fleurs.

Pierre Vischer a fondu lui-même ce tombeau en bronze, de 1506 à 1519, avec l'aide de ses cinq fils, ouvriers aux bras robustes et au cœur ardent.

En descendant de la cathédrale Saint-Laurent pour aller à l'église Saint-Sébald, on traverse la place du Marché, où s'élève la Belle-Fontaine des maîtres Georges Ruprecht et Sébald Schonhofer. On dirait un petit clocher gothique destiné à une cathédrale inachevée. C'est une haute pyramide de pierre travaillée à jour comme de la dentelle, aux ogives ornées de statuettes de héros de l'antiquité, de prophètes de la Bible, de rois et d'électeurs de l'ancienne Germanie. Travail merveilleux et minutieux, du plus pur style gothique, chef-d'œuvre de cette école primitive de Nuremberg qui prenait la nature pour modèle.

L'église de Notre-Dame, dont Charles-Quint avait fait sa chapelle impériale et qui ouvre sur la place du Marché son porche touffu et fleuri, exubérant d'ornements et de statues, a été décorée par les mêmes artistes que ceux qui ont sculpté la Belle-Fontaine. Cette église, rendue au culte catholique depuis 1816, possède des peintures sur fond d'or attribuées à Wolgemuth et des vitraux d'une magnificence si rare que leur éclat surpasse celui des pierreries les plus fines.

Tout près de cet édifice gothique s'élève une autre fontaine, de sujet divertissant et bourgeois, mais qui n'en est pas moins une œuvre d'exécution exquise : la gravure a rendu populaire l'*Homme aux oies* de Nuremberg. Un manant aux culottes courtes et au pourpoint rapiécé se tient debout sur une petite colonne, au milieu d'une vasque de granit, avec une oie ébouriffée sous chaque bras. Du bec des volatiles effarés sort un filet d'eau limpide. La pose de ce rustre est si aisée et si naturelle, Pancras Labenwolf a mis dans son œuvre tant d'harmonieuse élégance, de simplicité et de bonhomie comique, que cette statuette a suffi pour rendre son nom immortel.

Quelle propreté dans ces rues pavées en mosaïque de petits cailloux, avec les trottoirs au milieu ! Et quel plaisir de flâner sans but, droit devant soi ! A chaque pas, on rencontre un détail d'architecture qui vous retient et vous charme, on découvre un bijou de l'art gothique ou de la Renaissance, un bas-relief, une statue, une chimère, des feuillages, une cour aux galeries sculptées, un escalier à jour et en spirale. Au tournant de ces maisons aux façades pansues, aux portes ogivales, on est tout étonné de rencontrer des gens en pantalon et en redingote. Comme notre costume moderne, étriqué, économique, vulgaire, sans majesté et sans ampleur, cadre mal avec les édifices et les monuments qui vous entourent! On a l'air d'acteurs qui joueraient, avec une garde-robe achetée à la Belle-Jardinière, une pièce à flamberge et à panache, au milieu d'un décor moyen âge.

Voici la rue de la Petite-Cloche-des-Saucisses, la rue du Ciel-de-Verre, les ruelles de l'Échelle-Céleste et du Clair-de-Lune. Ne dirait-on pas des titres de contes fantastiques? Ces rues étranges, ces noms bizarres durent inspirer Hoffmann quand il visita Nuremberg, « où, écrivait-il, les monuments de l'art germanique racontent, comme des langues éloquentes, l'éclat, la pieuse persévérance et la grandeur réelle des temps passés ».

Quel est cet édifice mal venu et lourd qui s'élève en face d'un corps de garde? C'est l'hôtel de ville. S'il ne rappelle pas le palais des doges de Venise par son élégance, il le rappelle par la terreur qu'il inspirait. Les mères disaient à leurs enfants : « En passant devant une église, prie un *Pater*; en passant devant l'hôtel de ville, pries-en deux. » Au-dessous de la salle des séances se trouvait la salle de torture. Les hideux instruments, les lits hérissés de pointes de clous, les chevalets, les tenailles, les masques de fer destinés aux menteurs, le joug de bois rouge auquel on attachait, comme un couple d'animaux, les époux querelleurs, la cage dans laquelle on enfermait les boulangers qui trichaient sur le poids, la cangue où l'on exposait les ivrognes, tous ces ustensiles d'un pouvoir farouche ont été réunis dans une salle du château, où ils forment un musée d'horreurs.

Il reste, dans la grande salle de l'hôtel de ville, une admirable fresque d'Albert Dürer, représentant des musiciens sur une tribune. On croirait les entendre, tant cette peinture est naturelle, et le coup de pinceau du maître vibrant et sonore ! Oh ! les bons musiciens ! Celui qui souffle dans sa clarinette enfle si consciencieusement ses joues comme deux petits ballons !

La maison d'Albert Dürer est dans le voisinage de l'hôtel de ville. C'est une grande et simple construction à trois étages, avec balcons de bois et grosses lucarnes. On y chercherait vainement ce que nous appelons un « atelier ». Albert Dürer peignait dans une pièce du rez-de-chaussée au plafond de laquelle sa femme, qu'il avait surnommée « sa maîtresse de calcul », avait fait pratiquer une ouverture pour s'assurer s'il travaillait.

Nous aurions bien d'autres choses à voir : le musée germanique, avec ses curieuses collections ethnographiques et historiques ; la maison de Hans Sachs, le cordonnier poète, prince des « maîtres chanteurs » ; la chapelle Saint-Maurice, transformée en galerie de peinture ; la maison de Serz, qui eut pour hôtes, en 1630, Wallenstein, et, en 1649, Piccolomini ; mais ce ne serait pas trop de tout un volume pour décrire Nuremberg.

Montons au château, pour compléter cette promenade, et jeter un dernier regard sur la ville éclairée par le soleil couchant.

On suit une rue aux vieilles masures incohérentes, chargées de lucarnes et de balcons, et dont les toits aigus et verticaux rappellent ceux des maisons de cartes. Dans le fond se dresse une des portes de la ville, avec sa haute tour aux allures féodales.

Le château, construit au dixième siècle par Conrad Ier, fut agrandi par Frédéric Barberousse ; mais ses apparte-

La rue du château, à Nuremberg.

ments, composés d'une suite de petites chambres irrégulières, meublées dans le goût moderne, seraient absolument dépourvus d'intérêt, si le roi de Bavière ne les avait ornés de quelques toiles magistrales de Lucas Cranach.

Dans la cour, qu'il couvre tout entière de son ombre ensommeillée, se dresse un énorme tilleul, sous lequel on venait jadis, les jours de fête et de liesse, chanter des rondes en dansant.

Du haut de l'esplanade, un panorama immense et unique dans son genre se déploie à vos yeux : les maisons, dans une débandade de troupeau, descendent ou gravissent les flancs de la petite vallée, et leurs toits de toutes formes et de toutes couleurs, piqués de lumière, luisent comme des écailles ; Notre-Dame dresse avec orgueil son clocher dont l'aiguille embroche, comme un poulet, l'aigle à deux têtes du Saint-Empire ; les deux tourelles de Saint-Laurent semblent se hausser pour atteindre le ciel ; sur la place de l'Hôtel-de-Ville, l'église Saint-Maurice, sans tour, fait penser à un navire démâté ; les îles de la Pegnitz, au milieu des eaux jaunes de la rivière, ressemblent à de grosses émeraudes enchâssées dans un collier d'or : sept ponts de pierre et huit ponts de bois relient les deux rives, bordées de maisons baroques, incrustées de portes noires, parmi lesquelles s'élève, avec sa sombre poterne, la tour lugubre, ancienne prison de la ville ; les beffrois, les tours toutes rouges, comme mouillées d'une sueur de sang, se détachent avec une netteté vigoureuse dans la poussière dorée du couchant, qui flotte dans l'air et couvre l'horizon d'une draperie de brocart ; au delà de la ceinture de pierre solidement nouée autour de la ville, se déroule à perte de vue une plaine immense, muette, silencieuse et vide, mouchetée de petits bois de pins noirs et tristes comme les croix d'un cimetière.

IX

MUNICH

Berlin est au milieu d'un désert de sable, Munich au milieu d'une plaine de pierres qui semblent vous dire des choses dures et brutales. Les savants allemands ont eux-mêmes démontré les rapports intimes qui existent entre le sol de la Bavière et le caractère de ses habitants. « Le Bavarois est peu cultivé, rude, grossier, tapageur, prompt aux coups; mais sous cette rugueuse écorce il y a un cœur énergique et une âme saine [1]. » En trouvant Munich perdue dans cette immensité morne et presque stérile on ne se doute pas qu'on est à 515 mètres au-dessus du niveau de la mer. Des vents glacés balayent ce haut plateau; l'hiver y est aussi rigoureux que dans l'extrême Nord, le printemps sans sourires, l'été grincheux. Les brusques variations de température auxquelles sont soumis les Munichois ont fait de leur ville la capitale du rhumatisme.

A travers les fenêtres du wagon qui nous emporte,

1. Weber.

nous voyons de temps en temps surgir un petit clocher, droit comme une pointe de casque. Autour de lui, à sa base, quelque chose de gris et de confus : c'est un village. On pourrait tirer un second royaume de cette vaste étendue à peine peuplée qui entoure Munich.

Gustave-Adolphe a appelé Munich « une selle d'or sur un cheval maigre », et sa comparaison est restée pleine de justesse. Depuis que le cheval bavarois est attelé au char de l'empire, il est même devenu d'une maigreur effrayante.

La première chose qui frappe aujourd'hui les yeux, quand on approche de Munich, ce sont d'immenses bâtiments en grès rouge. Si vous demandez ce que c'est, on vous répondra : « Des casernes. » Cette vue jette un froid ; on ne s'attendait guère à voir le « sanctuaire de l'art allemand » caché par un rideau de baïonnettes ; on croyait les Munichois tout occupés de l'étude de l'ogive et du plein cintre, et on les trouve faisant l'exercice.

« Munich, écrivait il y a trente-cinq ans un publiciste académicien, Munich devient une nouvelle Athènes, et, quelle que soit la chance des destinées politiques, Munich ne peut être rayée de la carte des États indépendants sans que, grâce à sa nouvelle splendeur, l'attentat ne paraisse plus injuste. Le roi de Bavière a mis son royaume sous la protection des arts, et cette protection vaut celle de la force. » Depuis que M. Krupp a fondé une usine à Essen, l'Europe a singulièrement modifié ses idées à ce sujet, et Munich, obligée bon gré mal gré de tirer au lourd chariot de l'empire, s'occupe maintenant plus de l'art de la guerre que des arts de la paix. Il faut, du reste, en rabattre beaucoup des prétentions de cette ville pastiche à jouer le rôle d'une nouvelle Athènes. Munich a une réputation surfaite ; on ne rencontre pas chez elle la moindre invention, la plus petite originalité : c'est un plagiat continuel, un magasin de bric-à-brac architectural, une ville de pacotille. Les peintres que le roi Louis Ier avait groupés autour de lui n'ont fait que des copies et des enluminures. Seul, Kaulbach, qui avait des ailes d'aigle, s'est élevé au-dessus de la basse-cour pour regarder le soleil.

En entrant en ville, on passe sous une porte gothique qu'on dirait sortie des fabriques de papier mâché de Nuremberg. Au bout de la rue, sur la *Marienplatz* (place Sainte-Marie), on se retrouve en plein moyen âge. Des balcons couverts, en forme de tourelle, sont soudés aux coins des maisons ; à droite s'ouvre une rangée de vieilles arcades. Une colonne de marbre rouge, érigée, en 1638, par l'électeur Maximilien Ier, pour perpétuer le souvenir d'une victoire, supporte la statue de la patronne de la Bavière, la sainte Vierge tenant l'enfant Jésus dans ses bras. Aux angles du piédestal, quatre anges armés combattent les fléaux qui ravagent le monde : la peste, la famine, la guerre et l'hérésie, allégoriquement représentées par une vipère, un basilic, un lion et un dragon. En 1857, après le choléra, on célébra solennellement une messe expiatoire devant cette colonne, et en 1870, au commencement de la guerre, on s'empressa de redorer la couronne et la robe de la Vierge. A toute heure du jour, on voit des gens agenouillés sur les marches qui entourent la colonne miraculeuse, et on les entend réciter leur chapelet. Ceux qui passent ne manquent jamais de saluer la Vierge d'un grand coup de chapeau. Un peu plus loin, le nouvel hôtel de ville épanouit les ogives et les trèfles gothiques de sa façade, tandis que l'ancien, comme honteux de se montrer à côté de son successeur, si jeune et si pimpant, cherche à se cacher derrière une grosse tour. Au printemps dernier, on a scellé, sous le portail gauche de l'hôtel de ville, deux tables de marbre qui portent les noms de tous les enfants de Munich tombés pendant la guerre de 1870-71. La pose de ces deux plaques s'est faite avec la pompe usitée. Le premier bourgmestre de Munich, en costume moyen âge, collier d'or en sautoir, épée au côté, a prononcé un discours dans lequel il a été beaucoup parlé de la grandeur présente de l'empire, mais fort peu de ceux qui y ont contribué en versant leur sang. Le prince Luitpold assistait à la cérémonie ; les soldats et les associations de vétérans qui y avaient pris part défilèrent devant lui, bannières déployées. J'ai compté sur les deux tables, inscrits en lettres d'or, soixante-treize noms d'officiers et de soldats. Mais cela ne vaut pas la table commémorative de Bogenhausen, petite localité à quelques lieues de Munich, où l'on voit, à la suite de la liste des morts, celle de ceux qui sont encore vivants.

Au centre de la Marienplatz, on remarque une curieuse fontaine, connue sous le nom de *Fontaine aux Poissons*. Les figures et les groupes dont elle est ornée expliquent que c'est dans son bassin qu'a lieu le *Merzgersprung*, ou saut des bouchers. Le lundi de carnaval, les apprentis bouchers, vêtus de culottes blanches agrémentées d'une queue de veau, se rangent sur le bord de la fontaine, portent la santé du roi, puis sautent dans l'eau pour recevoir le baptême de compagnon.

C'est à la place Sainte-Marie que la ville est née.

Ainsi que l'indique son nom, *Munchen* fut d'abord un couvent de moines.

Un jour, Henri le Lion alla saccager la ville rivale de Vérinza, transporta à Munchen le marché et l'hôtel des monnaies, et par ce tour digne d'un Grec jeta dans le village monacal les fondements de la nouvelle Athènes allemande.

L'Isarthor à Munich.

Le rue Sendlinger et la Vallée, qui aboutissent à la Marienplatz, sont les deux plus anciennes rues de Munich. On y voit des maisons qui s'appuient les unes aux autres pour ne pas tomber sur les passants ; on y rencontre de vieilles diligences et des postillons en veste galonnée. Des paysans, vêtus de la longue houppelande noire, entrent à la file dans les brasseries : on se croirait dans une bourgade reculée de province.

Poursuivons notre promenade ; en prenant la *Weinstrasse* (rue du Vin), qui s'ouvre au nord de la place Sainte-Marie, nous arrivons sur la place Max-Joseph, formée d'un côté par une aile de la Poste, de l'autre par une aile de la Résidence royale et par le théâtre. La nouvelle ville commence ici ; car Munich a deux aspects : la partie que nous laissons derrière nous est la ville allemande et gothique ; celle que nous avons devant nous est la ville des fantaisies de la pierre, c'est le musée des copies archéologiques. On quitte l'Allemagne pour pérégriner en Grèce, en Italie, en Égypte ; on ferme les *Niebelungen* pour ouvrir le *Jeune Anacharsis*.

Voici un palais orné d'un portique aux colonnes toscanes. Qu'est-ce? La demeure d'un prince ou celle d'un ambassadeur? Non, c'est la Poste. Sous ce portique, de belles fresques pompéiennes représentent des dompteurs ; une main inconnue en a coiffé quelques-uns du casque prussien.

Au fond de la place, le théâtre royal et national déploie son péristyle corinthien surmonté d'une fresque qui montre Apollon au milieu de la cour des neuf sœurs. Le roi Max aimait, dit-on, à se reconnaître dans le dieu du soleil. Les citoyens de Munich flattèrent cette manie en lui votant, pendant qu'il vivait, à l'occasion du vingt-cinquième anniversaire de son avènement au trône, la statue qui le représente, sur cette place, étendant la main pour bénir son peuple. C'est la France, avant tout, qu'il eût dû bénir; ce sceptre qui est dans sa dextre, c'est la France qui l'y a mis, et non le peuple allemand. Maximilien-Joseph aurait végété au fond de l'obscur petit duché sur lequel régnait son frère, si son instinct ne l'avait poussé vers Paris. Il y arriva, mince gentilhomme, pour mettre son épée au service de Louis XVI, qui lui donna le commandement du régiment d'Alsace. La Révolution trouva en lui un soldat prudent, et le royaliste de la veille devint le républicain du lendemain. Il eut tous les bonheurs : son frère ne s'entêta pas à vieillir et lui laissa le trône quelques années plus tard. L'astre de Napoléon se levait : Max-Joseph, qui aurait pu en remontrer à Jahn pour la gymnastique, se mit alors tantôt à genoux, tantôt à plat ventre, sans jamais trahir la moindre fatigue; il offrit sa fille à Eugène Beauharnais, qui lui fit donner en échange la couronne royale. Max-Joseph reçut, des mains de Napoléon, Nuremberg, deux commanderies de l'ordre Teutonique et treize autres principautés. En 1813, il en témoigna sa reconnaissance en entrant un des premiers dans la ligue contre l'empereur.

De la place Max-Joseph, un boulevard superbe a pris son essor et monte jusqu'au sommet de la colline que couronne le Maximilianæum. Cet édifice colossal, œuvre du roi Maximilien II, est surchargé de décorations, de statues, de fresques; on trouve dans ses vastes salles la *Chute d'Ève* de Cabanel à côté du *Luther* de Schnorr, de la *Bataille de Leipzig* de Hess, du *Charlemagne* de Kaulbach. Mais dépouillez le Maximilianæum de ses décors, vous n'avez plus qu'un hôtel garni, où l'on donne aux jeunes étudiants pauvres de l'université, originaires de Bavière, le logement, la nourriture et l'éclairage. Il y a cinq ou six ans, on faisait encore des distributions de soupe dans la cour de l'université; Maximilien voulut qu'on les continuât dans un palais.

A l'entrée du boulevard qui porte le nom de son créateur, on voit l'hôtel de la Monnaie, flanqué de deux pavillons, dont l'attique est orné de huit statues de bronze.

Descendons encore; nous voici devant l'Institut photographique de M. Hanfstængl, puis devant le Musée national et l'hôtel du Gouvernement. Le Musée national est une succursale du Musée germanique de Nuremberg; l'Allemagne y apparaît depuis ses origines jusqu'au plus haut degré de sa culture, c'est-à-dire depuis le gland jusqu'au boulet de canon.

L'hôtel du Gouvernement, en terra-cotta, est surmonté d'une *Justice* au triple bandeau d'airain.

Quatre statues, celles des généraux bavarois E. Deroy et Rumford, celles du philosophe Schelling et de l'opticien Fraunhofer, s'élèvent devant les deux édifices. Deroy fut tué en 1812, à la bataille de Polotzk. Le général Rumford mourut à Paris en 1814. Il a bien mérité de la patrie, dit un de ses biographes, « par le jardin anglais dont il est le fondateur ».

De la place Max-Joseph on arrive, en passant devant l'ancienne résidence, à la place de l'Odéon, la plus belle de Munich. L'Odéon n'est pas un théâtre; c'est une vaste construction dont les salles, richement décorées de fresques de Kaulbach et d'Eberle, servent aux concerts, aux bals de société et aux bals masqués.

La *Galerie des généraux*, entre la résidence royale et l'église des Théatins, occupe le fond de la place de l'Odéon. C'est une imitation mesquine de la Loge du marché aux herbes de Florence. « Louis Ier, dit le *Nouveau Guide à Munich,* posa lui-même la première pierre de cet édifice, destiné à être un monument de gloire pour les généraux bavarois; mais, mû par un sentiment patriotique sortant d'un cœur qui battait toujours pour l'Allemagne entière, il n'a pas exclu de ce Panthéon de gloire les généraux originaires d'autres pays allemands, qui ont combattu pour la cause commune; la fête de la pose de la première pierre eut lieu le 18 juin 1841, jour de l'anniversaire de la bataille de Waterloo. » Le roi Louis, qui aurait été bien embarrassé de trouver ne fût-ce que deux généraux bavarois, plaça d'un côté la statue de Tilly, né en Flandre, et de l'autre, celle du général de Wrède, né à Heidelberg. La première de ces statues est faite avec des canons turcs qu'on a repêchés au fond de la mer après la bataille de Navarin; on a employé pour l'autre « des canons ennemis pris en diverses occasions ». On ne voit pas, même avec les lunettes de l'érudition allemande, le rapport qu'il y a entre Tilly et la bataille de Navarin gagnée par les Français, les Russes et les Anglais; quant au général de Wrède, on sait ce que Napoléon en disait le soir de la bataille de Hanau : « Ce pauvre de Wrède, j'ai bien pu le faire comte, je n'ai pas pu le faire général. »

Lors du retour triomphal de l'armée bavaroise à Munich[1], après la guerre de France, au mois de juillet 1871, « la galerie des deux généraux » servit de « temple de la Victoire et de la Paix ». On y exposa les trophées conquis à Bazeilles.

Le buste du général Von der Thann, l'incendiaire de

1. On but à cette occasion 1,000 muids de bière, à peu près 80,000 litres, dans une seule journée!

Bazeilles, qui a fui en vainqueur le champ de bataille de Coulmiers, ornera prochainement cette galerie.

Avant de descendre la *Ludwigstrasse* (rue Louis), entrons dans le jardin de la cour. Ne vous attendez pas à y trouver des parterres fleuris, des jets d'eau, de jolies allées où l'on a plaisir de se promener. Le *Hofgarten* est triste comme un préau de prison; l'herbe croît entre ses petits cailloux malpropres, et les officiers ventrus qui mangent des gâteaux sous les arbres, devant la confiserie Tambossi, ne remplacent pas dans le lointain les buissons de roses. Tous les mercredis, de six à sept heures, on y fait de la musique.

Les arcades du jardin de la cour sont occupées par des boutiques, dont les façades embellies de fresques offrent aux regards des paysages grecs et italiens. La vue du golfe de Baïa sert d'enseigne à un charcutier, et les ruines de Thèbes à un pédicure.

En quittant la place de l'Odéon, nous laissons derrière nous le palais du prince Luitpol et le palais du feu roi Maximilien. Ce dernier édifice est un véritable pot pourri d'architecture. Ses trois étages présentent, mêlés les uns aux autres, des modèles d'architecture dorique, ionique et corinthienne.

La bibliothèque, que l'on trouve plus bas, est une immense construction en style italien du moyen âge. On est tout étonné de rencontrer à la porte de cet édifice des sentinelles qui s'appellent Homère, Thucydide, Aristote, Hippocrate. Si ces nobles soldats de l'esprit n'arrêtent pas ceux qui ont brûlé la bibliothèque de Strasbourg, du moins leur vue rappelle l'Allemagne du passé, studieuse et paisible, qui s'est évanouie il y a quarante ans au bruit du canon.

On monte par un superbe escalier de marbre, échelle

de Jacob de la science allemande. Des deux côtés s'ouvrent des galeries avec des statues et des médaillons représentant les savants les plus illustres. Le roi Louis a naturellement fermé les portes de ce paradis germanique à tous les citoyens français.

La bibliothèque de Munich possède aujourd'hui près d'un million de volumes et 22,000 manuscrits, dont 580 manuscrits grecs, 268 manuscrits orientaux, 313 manuscrits hébreux, 114,000 manuscrits allemands, 5 à 600 manuscrits italiens. On y voit un évangéliaire latin du neuvième siècle avec des lettres argentées sur du parchemin rouge; le manuscrit original du poème de *Tristan et Isolde,* par Gottfried de Strasbourg; le *Parcival* de Wolfram d'Eschenbach; une traduction française du livre de Jehan Boccace: *des Cas des nobles hommes et femmes,* faite pour le prince Jean de Navarre; des livres d'heures enrichis de dessins à la plume d'Albert Dürer et de Lucas Cranach; mais ce que le bibliothécaire vous montre avec le plus d'orgueil, ce sont deux lettres autographes qui lui ont été adressées, sur sa demande, par M. de Bismarck et M. de Moltke. L'homme d'État et l'homme de guerre remercient les Bavarois pour leur coopération en 1870, et parlent tous deux en termes à peu près identiques des destinées glorieuses de l'empire allemand.

La salle de lecture de la bibliothèque ne cadre pas avec le reste; elle est petite, étroite, sombre, et sent l'infirmerie. On n'obtient pas plus de quatre volumes à la fois, et encore faut-il avoir soin de les demander la veille, avant midi. Il en résulte une perte de temps considérable. La bibliothèque prête en ville, mais il n'y a que les professeurs et les employés de l'État qui jouissent du privilège de lire chez eux le divin Klopstock. Tout à côté de la bibliothèque s'élève l'église Saint-Louis. Une inscription latine, répétée au-dessus de toutes les portes, avertit ceux qui entrent que la « ville de Munich donna 878,000 florins pour cette construction, et que le roi Louis dut y ajouter encore 108,000 florins pour les fresques ». Nulle part en Allemagne on ne vous montre un monument sans vous dire exactement combien de florins et de kreutzers il vaut ou il a coûté. La beauté d'un objet ne se juge que par son prix. Vous entendez à chaque instant cette phrase : « Cela a coûté cher, c'est très beau ». (*Das hat viel gekostet ; das ist sehr schœn.*)

La porte de la Victoire termine la rue ; d'un côté se trouve l'université et de l'autre le séminaire et un institut de jeunes filles fondé par Maximilien-Joseph. La porte de la Victoire n'avait guère de raison d'être quand elle a été construite ; c'est un pastiche de l'Arc de Triomphe, sans aucune signification historique ou artistique. Sur la frise, une Bavaria — on en met partout, même sur les tartes — conduit un chariot traîné par des lions, qui ressemblent à des ours mal léchés. Des bas-reliefs retracent des combats imaginaires avec charge de cavalerie, assaut de forteresse, escalade de montagne. Les « victoires volantes », sous l'arc du portail, ont été ajoutées après l'annexion de l'Alsace-Lorraine.

L'université, dont les abords sont ornés d'un jet d'eau et de quelques corbeilles de fleurs, est un bel et vaste édifice en style byzantino-florentin, avec deux ailes saillantes. Il date de trente ans à peine ; en 1840, l'université était encore reléguée dans le vieux Munich derrière l'église des jésuites. C'est là que Schelling enseignait sa douce et consolante philosophie. Schelling était protestant, mais sa doctrine appartenait au catholicisme le plus pur. Trois mille étudiants, accourus de toutes les parties de l'Europe, étaient venus se grouper autour de sa chaire.

Le vestibule de la nouvelle université est décoré de médaillons comme ceux des galeries de la bibliothèque; dans les vitrines, sont affichés les cours des professeurs, et sur une grande table noire on lit les noms des étudiants pour lesquels sont arrivées des lettres, et une foule de petites annonces dans le genre de celles-ci : « *A vendre les œuvres de Platon. — Jolies chambres meublées à louer. — Un étudiant a perdu son chien; longs poils, pattes blanches; il répond au nom de Fuchs. Le ramener chez l'appariteur (Pedell). — Un étudiant désire donner des leçons de guitare. — A vendre une paire de bottes à l'écuyère (Kanonenstiefel). — Bonne pension bourgeoise à 30 florins par mois. S'adresser à l'appariteur de l'université* », etc., etc. Les libraires affichent à un pilier spécial la liste des ouvrages nouveaux qui ont paru dans le mois et le sommaire des revues scientifiques.

L'escalier qui conduit au premier étage est éclairé par de très beaux vitraux avec les armoiries de Munich : un moine joufflu élevant un broc de bière; les armoiries de Landshut : trois cuirasses, et celles d'Ingolstadt : un dragon vomissant du feu. L'université a été successivement dans ces deux villes avant d'être transférée sur les bords de l'Isar. De larges couloirs conduisent dans les salles du sénat et les salles des cours, et dans les deux « aulas » où ont lieu les examens, les discours académiques et les cérémonies universitaires. La statue colossale de Louis Ier, sceptre en main et couronne en tête, trône dans la grande « aula ».

Quand on parcourt Munich, on se croit dans une vaste

exposition d'architecture. Nous avons vu la section gothique et byzantino-florentine ; nous voici dans la section hellénique. Pour passer de l'Italie en Grèce, nous n'avons

La Bavière.

eu qu'à remonter la rue Louis et à prendre la rue de Brienne. On traverse, chemin faisant, la place Caroline, au milieu de laquelle s'élève un obélisque coulé en bronze avec des canons que Napoléon Ier donna aux Bavarois, et que ceux-ci s'imaginèrent avoir conquis ; puis on arrive aux portes d'Athènes: les Propylées dressent devant vous leur portique blanc à trois baies, surmonté de deux tours carrées. De chaque côté, s'élèvent deux édifices trapus, aux frontons triangulaires, ornés de colonnes d'ordre ionique et de statues; l'un est la Glyptothèque, et l'autre sert aux expositions d'objets d'art.

Les Propylées ont été élevées par le roi Louis « en souvenir de l'héroïque guerre » par laquelle les Grecs s'affranchirent du joug des Turcs pour appeler au trône le roi Othon Ier, fondateur de la dynastie gréco-bavaroise. Des bas-reliefs représentent le jeune monarque recevant les hommages de ses nouveaux sujets et montant sur son trône. L'histoire n'est pas complète : on a oublié de montrer comment il en est descendu. Louis Ier avait fait des rêves fantastiques sur cette union de la Grèce et de la Bavière. Il s'attendait au croisement des deux génies. Il a développé ses théories là-dessus dans des pièces diplomatico-artistiques très curieuses, qu'on retrouve dans les journaux de l'époque.

La Glyptothèque renferme ces fameux marbres d'Égine que le roi Louis acheta dans un moment propice et ce superbe *Faune endormi* cuvant son ivresse séculaire, œuvre de Praxitèle, que Bélisaire, cerné dans le château Saint-Ange à Rome, fit jeter sur la tête des Goths sans qu'il se réveillât dans sa chute. Les salles sont au nombre de douze : la salle égyptienne, la salle des incunables, la salle des Éginètes, la salle d'Apollon, la salle bachique, celles des Niobides, des dieux, la salle troyenne, les salles des héros, des Romains, des sculptures à couleur et des sculptures modernes. Elles sont séparées au centre par deux salles de repos désignées sous le nom de *salles de fête*. Cornélius et Overbeck les ont décorées de ces fresques philosophiques dont ils avaient la spécialité. On voit

Prométhée qui se crée lui-même, tour de force qui n'a nullement effrayé M. Cornélius ; toutes les scènes de la genèse mythologique y passent ; puis nous arrivons aux quatre éléments, aux quatre saisons, aux quatre heures du jour et aux quatre règnes cosmogoniques. Le règne de l'*Air* est tout simplement représenté par... la fenêtre. Nous trouvons cela puéril ; les Allemands ont écrit plusieurs volumes pour montrer combien le peintre avait été ingénieux. Ce qui nous fait rire les plonge dans l'extase ; ils ont découvert dans le cadre de cette fenêtre le cadre de toute une thèse scolastique.

M. Overbeck, dans des fresques appartenant au même cycle, a peint les douze grands dieux de l'Olympe. Il n'a pas reculé devant une tâche qui a effrayé Raphaël. Aussi, toutes ses compositions sont-elles médiocres. Pas de types de la divine beauté. La couleur choque, elle est froide, crue, sans expression et souvent grotesque dans ses effets. On dirait que Vénus a des engelures et que la blonde Hébé a contracté l'habitude de vider le fond des coupes. Dans la salle troyenne, les fresques qui ont la prétention de concentrer toute l'*Iliade* en huit grands tableaux sont traitées de la même manière gauche et lourde. « C'est là, dit M. Viardot, sur les jugements duquel je tiens à m'appuyer, c'est là que se montrent dans toute leur évidence les défauts d'une peinture plus théâtrale que dramatique, l'exagération perpétuelle, le mouvement désordonné, la confusion, la recherche, l'envie impuissante d'être terrible et touchant ; c'est là, en se rappelant les artistes anciens, si grands avec des moyens si simples, qu'on reconnaît toute l'infériorité de la hardiesse moderne. »

Ces peintures colossales, regardées comme le chef-d'œuvre de Cornélius, lui valurent, en 1825, le titre de directeur de l'école de Munich, « avec l'ordre du Mérite et la noblesse personnelle ». L'Allemagne acclama en lui le penseur ; on l'appela le commentateur de Fichte, et plus tard, lorsqu'il eut exécuté son *Jugement dernier* dans l'église Saint-Louis, on le considéra comme l'émule du vieux philosophe Schelling.

L'école munichoise tient de l'université et du cloître. La petite colonie de peintres allemands qui traversa les Alpes au commencement de ce siècle alla s'installer dans un couvent de Rome et choisit pour son supérieur artistique M. Frédéric Overbeck. Pierre Cornélius fut un des novices de ce monastère, où se continuait l'œuvre des Cimabué et des Fra Angelico. Wilhem Schadow, Philippe Veit, Jules Schnorr, Henri Hess sont des esclaves du passé et de l'imitation. On les voit, au fond de leur couvent romain, refaire, comme des moines enlumineurs, les types des vierges italiennes et les têtes de christs byzantins. Ils ne vont pas au delà de Raphaël ; il n'y a que Cornélius qui ose furtivement tâter les muscles des créations de Michel-Ange. Nul essor, pas de liberté. Ils tournent dans le cercle étroit que leur a tracé le sceptre du roi Louis Ier. Aussi cet art, appelé pompeusement « le nouvel art chrétien », ne fut-il ni une révolution ni une métamorphose.

L'art allemand s'était endormi sur les tombeaux d'Albert Dürer et de Lucas Cranach ; il se réveilla à la même époque, en plein seizième siècle, et ne s'aperçut pas que le monde avait marché. De là son air démodé et archaïque. De là toutes les peintures théologales, mystiques, philosophiques et pédantes, qui couvrent les murs de Munich et même ceux de Berlin. Cornélius représente l'art byzantin ; Henri Hess, le moyen âge italien ; Jules Schnorr, le moyen âge tudesque, austère, viril, un peu raide : c'est le peintre des Niebelungen. Seul Kaulbach, le dernier venu de cette pléiade, ose témoigner d'une certaine hardiesse. Il se révèle par un tableau tout moderne : *la Maison des fous,* et prend résolûment Michel-Ange pour modèle. Puis, peu à peu, il se transforme, s'agrandit et monte par son propre essor dans des régions qui deviennent sa conquête.

La nouvelle Pinacothèque s'élève à quelques minutes de la Glyptothèque. C'est encore une espèce de construction moitié grecque, moitié italienne, plus longue que large, sans fenêtres, avec un perron et une colonnade. Elle est toute bariolée à l'extérieur de fresques de Kaulbach. Bariolée est bien le mot : car rien de plus disparate que ce mélange de couleurs verte, jaune, rouge, violette. Les chairs ont des tons de tuile. Il ne faudrait pas cependant juger de l'individualité de l'artiste par ces compositions de commande qui vont parfois jusqu'aux drôleries charivariques. Un critique anglais a dit avec raison « qu'elles rappellent assez exactement, pour la conception et l'exécution, les toiles enluminées qui ornent les devantures des baraques de foire ».

Théophile Gautier a été poli en les appelant des « charges d'atelier ». Je ne parlerai que de la première, qui est la perle de la série. Figurez-vous un monstre vert aux pattes de chien, et dont les têtes grimaçantes et à face humaine portent des perruques, debout sur un autel placé au haut d'une colline, et se défendant des griffes et de la queue contre les rénovateurs de l'art, qui l'attaquent, divisés en deux groupes. Cornélius, à cheval sur Pégase, s'élance à la tête des peintres, en brandissant son épée à deux tranchants. Overbeck, qui n'a pas eu le temps de se débarrasser de sa robe de chambre, porte une bannière sur laquelle est peinte l'image de la Vierge. L'auteur des fresques, Kaulbach, ne s'est pas oublié : il renverse une espèce de cordonnier allemand, à l'habit vert bouteille, armé d'un pistolet.

Kaulbach a laissé un fils, peintre aussi, mais qui ne marche pas sur ses traces. Il se rapproche, par son genre, de la peinture française.

Les autres maîtres, Cornélius, Overbeck, Hesse, n'ont pas de successeurs. L'art s'en va à grands pas, et en fait d'école les Munichois ne connaîtront bientôt plus que l'école du soldat.

Munich est trop grand pour le nombre relativement restreint de ses habitants. Ses vastes places, ses rues spacieuses sont la plupart du temps désertes. Aussi l'Athènes allemande est-elle ennuyeuse, prétentieuse et froide.

Il n'y a que les sables du Sahara qui soient aussi dépeuplés que certaines rues de Munich. Quand on passe devant les statues qui ornent ces décors grecs, gothiques, byzantins, on est tenté de les prier de descendre de leur piédestal pour animer un peu la scène.

Les véhicules vont avec une telle lenteur qu'on se demande s'ils craignent de réveiller la cité endormie. Toutes les demi-heures, on voit s'avancer une grosse voiture jaune, sans impériale, traînée par deux chevaux poussifs ; on dirait d'une diligence de campagne qui a pris sa retraite : c'est un omnibus. On ne peut rien imaginer de plus sale, de plus délabré. Les hommes y fument et les dames y mangent. Quelquefois on passe la bouteille à la ronde.

Les fiacres sont à si bon marché qu'on en prendrait du matin au soir, si l'on n'était pressé. Le cocher munichois, à force de passer sous les Propylées et de conduire des

Les Bavarois à Bazeilles.

Anglais à la Pinacothèque, à la Glyptothèque, et d'entendre parler de la Grèce, d'Athènes, de Thésée, s'est incarné dans le malheureux Hippolyte sortant des portes de Trézène :

Sa main sur ses chevaux laisse flotter les rênes ;
Ses superbes coursiers, qu'on voyait autrefois,
Pleins d'une ardeur si noble, obéir à sa voix,
L'œil morne maintenant et la tête baissée,
Semblent se conformer à sa triste pensée...

Quand un équipage traverse Munich, c'est un événement. Les marchands accourent sur le seuil de leurs boutiques et on entend toutes les fenêtres s'ouvrir.

Les seuls véhicules qui se suivent et se succèdent presque sans interruption sont les chars de brasseurs et d'autres grands chars qui viennent de la gare, chargés de verres à bière, ce qui prouve que le nombre de bocks que les Munichois se cassent sur la tête n'a pas diminué.

Les constructions grecques, italiennes, byzantines, qu'on rencontre à chaque pas, cadrent mal avec le type et la structure des habitants L'architecture grecque est imposante et harmonieuse ; l'architecture italienne, élégante, nerveuse, flexible. Or les Bavarois sont ronds : figurez-vous des tonneaux ornés de bras et de jambes. On dit en allemand du Munichois : C'est un *Bierfass* (tonneau à bière) quand il se lève, et un *Fassbier* (tonneau de bière) quand il se couche.

L'excès de la nourriture et de la boisson déborde, chez ce peuple, sur tout le corps. Il est bâfreur, glouton, avale-royaume. Il déjeune jusqu'à midi et il dîne jusqu'au souper. L'apoplexie et l'indigestion le déciment. Aussi, quelle énorme chose qu'un Bavarois au repos, dormant, bien repu ! Cela forme un vaste amas de chair ; on a comme une idée de l'homme préhistorique, de l'homme mastodonte, d'une race toute matérielle qui devait vivre côte à côte avec les mammouths, les plésiosaures, les ichtyosaures, en se traînant sur le ventre.

Les plus beaux exemplaires de ce type, à peu près unique en Allemagne, se rencontrèrent dans la Brasserie royale.

La Brasserie royale est une auge où toute la population munichoise est à l'engrais.

Il est impossible de décrire la malpropreté de cet établissement séculaire; les générations qui y ont bu, mangé et dormi, se comptent par les couches de crasse qu'elles y ont laissées. A plusieurs reprises, les princes de Bavière ont essayé de faire comme Hercule et de prendre le balai, mais la populace s'est ameutée; les Munichois ne veulent pas qu'on touche à cette brasserie sacro-sainte: elle est à eux, et le roi n'est ici qu'un simple cabaretier. L'étranger n'y trouve pas de place; on lui permet de boire un broc dans la cour, mais on ne le laissera jamais s'asseoir à ces larges tables de bois, toutes gluantes de bière répandue, et sur lesquelles sont entassés des débris de repas apportés, dans un morceau de vieux journal, par les consommateurs eux-mêmes.

Le cardinal du Perron, qui appelait les Allemands « la nation la plus brutale, ennemie de tous les étrangers; des esprits de bière et de poêle », disait qu'on reconnaissait immédiatement un Allemand devant un verre de vin ou de bière dans lequel une mouche est tombée. L'Italien renvoie le verre; le Français ôte la mouche; l'Allemand avale le verre avec la mouche.

— Mon Dieu, que c'est donc sale! s'écria un jour un Viennois qui entrait pour la première fois dans la Brasserie royale.

— Oui, oui, répondit un buveur, c'est un peu *simple*, mais il faut que cela reste ainsi pour qu'on continue à servir de la bière royale.

Il n'y a ni garçons ni *biermamzel* (demoiselles qui servent la bière). A la Brasserie royale, chacun doit se servir soi-même. Comme les brocs sont toujours en circulation, il faut d'abord se mettre à leur recherche. Le plus simple est de se placer derrière un buveur et d'attendre qu'il parte ou qu'il s'endorme. Mais quelquefois il se réveille en sursaut et il défend son broc comme un fils défendrait sa mère. Quand vous avez un broc, vous allez le rincer à la fontaine, puis, après avoir eu soin de prendre son numéro, vous le placez sur le comptoir. Au bout d'une minute, les brocs vides reviennent pleins et l'on se bouscule pour retrouver chacun le sien. Les marchandes de radis, les marchandes de petites saucisses et de morceaux de *schwartzbrod* (pain noir) accourent alors vous offrir leur mangeaille peu appétissante.

Mais laisser les gens se servir eux-mêmes, cela a son inconvénient. Je n'en veux pour preuve que l'avis suivant que je trouve dans le numéro du 30 novembre 1875, de la *Suddeutsch-Presse* de Munich : « *Où sont les cruches à bière ?* (Wo sind die Masskruger ?) Dans la période des vingt-deux derniers jours du mois, 300 cruches à bière ont été enlevées de la Brasserie royale. M. Hartl prie ceux qui les ont de bien vouloir les lui revendre à 6 kreutzers pièce ; il promet de ne faire aucune question indiscrète sur la provenance de ces brocs. »

C'est à la Brasserie royale qu'on trouve la collection la plus complète de Munichois de vieille souche, d'*Urmünchner*. On rencontre à la même table le greffier du tribunal, avec sa calotte de drap, ses cheveux hérissés sur le front et sur la nuque, son binocle à cheval sur le bout du nez, sa bouche qui fait la moue et son menton en talon de galoche. De sa cravate de soie noire, roulée comme une corde autour du cou, jaillit un col à pointe meurtrière. A côté de lui, un étudiant mal léché, son bonnet en forme de soucoupe sur la tête, fume un cigare ou tette une pipe. Le gendarme, avec son casque de pompier terminé en forme de croissant, son nez long et bête, sa bouche cachée sous une épaisse moustache blonde, et son impériale qui descend jusqu'au troisième bouton de son uniforme vert foncé, écoute gravement l'huissier du tribunal, à la casquette plate, au nez en pied de marmite et à la moustache de chien barbet, qui lui raconte de quelle façon l'accusé s'est comporté devant ses juges et comment il a entendu la sentence. On voit des buveurs dans tous les costumes possibles. Il y en a en pantoufles, en robe de chambre; il y en a même qui ont oublié de mettre une chemise sous leur redingote. Mais une chemise, est-ce que cela fait le bonheur? Les Allemands ne sont pas d'accord là-dessus. Vous connaissez ce joli poème de *l'Homme heureux*. Un bon roi du temps jadis, qui n'avait pas d'usine Krupp dans ses domaines, qui revenait quelquefois de la brasserie avec sa couronne de travers, voulut un jour savoir quel était le plus heureux de ses sujets. Il fit venir des nobles, des bourgeois, des paysans; tous avaient un petit cheveu dans le potage gras ou maigre de leur existence terrestre. Enfin, on lui amena un pauvre hère, qui couchait à la belle étoile et n'avait pour banquier que le bon Dieu des petits oiseaux. Cet homme déclara au roi qu'il était le plus heureux des mortels et qu'il n'avait pas de... chemise.

Dans quelques autres vieilles brasseries, enfumées et malpropres, telles que celles de Pschor, des Augustins, des Franciscains, de la *Scholastica* et du *Leberwurzt*, on rencontre aussi le vrai Munichois. La bière est son élément, comme l'eau est celui du poisson. La bière remplace pour lui le lait, la soupe et le pain. Quand la bière augmente, il y a des *bierkraval* ou révolutions de bière[1]; quand la bière est mauvaise, il y a des révoltes populaires contre les brasseurs. On ne badine pas avec la bière.

Un enchérissement, même d'un kreutzer, a une grande importance pour le Munichois qui consomme en moyenne, de huit heures du matin à dix heures du soir, six à sept litres de bière. Sept kreutzers par jour, c'est 49 kreutzers par semaine, soit 6 francs par mois, 72 francs par an. Aussi chaque fois que les journaux de Berlin parlent d'un impôt impérial sur la bière, les Bavarois se lèvent et brandissent leur cruche. L'impôt royal qui existe frappe déjà fortement la brune liqueur. Pendant la période de 1819 à 1825, cet impôt a rapporté annuellement en moyenne 4,400,000 florins, pendant celle de 1843 à 1849, 5,400,000 florins, et pendant la période de 1861 à 1867, il a rapporté en moyenne 8,660,000 florins. En 1879, la Bavière comptait 5,385 fabriques de bière, produisant chaque année 8,800,000 cimers de bière. L'industrie de la bière occupe 9,727 ouvriers permanents. La plus grande brasserie est celle de Gabriel Sedlmayr, qui livra, en 1869, 280,000 hectolitres de bière et paya 1,032,000 francs d'impôt. La ville de Munich seule consomme 28,200,000 litres de bière par an. Un jour que j'étais dans une petite brasserie, j'entendis un buveur qui criait : « Ah! vieille hôtesse d'enfer, tu ne veux plus me donner à boire! Tu dis que j'ai bu quinze chopes, et que si j'en bois davan-

1. En 1844, la populace brisa les vitres du palais du roi, parce que la bière avait enchéri d'un kreutzer. On dut faire plusieurs charges de cavalerie; on tira contre la Brasserie royale.

tage je seraî ivre ! — Oui, et j'ai raison, riposta l'hôtesse ; quand tu rentres ivre ! ta femme te bat, tu restes trois jours au lit et je perds quinze chopes par jour. »

Les brasseurs, les charcutiers, les bouchers de Munich sont presque tous millionnaires. Le grand brasseur Pschor, qui porte des boucles d'oreilles, vous sert lui-même un bock de bière ou une soupe, et il s'en va ensuite en équipage à deux chevaux faire une promenade au Jardin anglais, — le bois de Boulogne de Munich. Le propriétaire de la brasserie des Franciscains fait absolument la même chose.

Il y a plusieurs sortes de bière : le salvatorbier, le bockbier, le weissbier, le winterbier, qui se débitent à des époques déterminées. Quand l'une ou l'autre de ces bières est prête à être livrée à la consommation, les journaux de Munich l'annoncent solennellement, plus d'un mois à l'avance. Un sapin à l'entrée des brasseries indique qu'on est pourvu de bockbier. Le bock est une boisson noire, sirupeuse, épaisse. Deux chopes suffisent pour enivrer un infidèle. Avec le bock on mange des *bockwurzte,* petites saucisses de viande de veau très épicées. Le bock ne se boit qu'au printemps, et se sert dans des vases spéciaux, au couvercle d'étain, orné d'un petit bouc qui se précipite, tête basse, contre un verre de bière. A la Brasserie royale, on débite le bock dans un vieux hangar, de neuf heures à une heure. On se dispute l'entrée à coups de poing. C'est une véritable fête. Des violoneux ambulants, montés sur des tonneaux, raclent la *Bockwalzer*. Bientôt, hommes et femmes tourbillonnent dans une ronde bachique, en poussant le cri consacré, l'*Évohé* munichois :

Ha ! ha ! ha !
O Jérum, Jérum !
Jérum !

Jadis on promenait un bouc enrubanné dans les rues de Munich ; les étudiants qui le conduisaient tenaient des discours humoristiques à la foule, — puis passaient le plat.

Le salvatorbier est le précurseur du bockbier. On sert le salvator quinze jours avant le bock ; on l'appelle aussi *Zacherlœl* (huile de Zacherl) ou *Gott Vater Bier* (bière Dieu le Père). Quand le couvent qui la brassait fut supprimé, le privilège de faire de la bière de salvator fut octroyé à un brasseur nommé Zacherl. Le bourgmestre de Munich vient en personne et à cheval boire le premier verre de salvator. Le dernier jour, quelques heures avant qu'on ne livre au public la dernière chope de salvatorbier, on voit arriver des bandes de musiciens armés de harpes, de violons et de clarinettes ; ils jouent la *Salvatorwalzer* que les buveurs dansent en hurlant :

Gut'n Morgen, Herr Fischer,
Herr Fischer, gut'n Morgen.
Ia ! ia ! Hinum, herum,
Hinum, herum, hinum !
. . . .
Jetzt muss ma, jetzt muss ma,
Jetzt muss ma fort.
Au weh ! au weh ! jetzt muss ma fort.

— Bonjour, monsieur Fischer, — Monsieur Fischer, bonjour. — Oui, oui, *hinum*, etc. — Maintenant il faut s'en aller. — Il faut s'en aller, ô douleur, ô malheur, etc.[1].

M. Matter a-t-il eu raison de dire qu'il n'est pas en Allemagne de pays dont les mœurs ressemblent plus à celles de l'Autriche que celles de la Bavière ? Selon lui, la res-

1. Ces détails sont extraits de l'ouvrage *les Prussiens en Allemagne*, par Victor Tissot, 1 vol. de 400 pages. — Dentu éditeur.

semblance s'étend même sur le langage. Cependant, que de différences sous tous les rapports, le dernier y compris ! En effet, quels changements dans les inflexions de la voix, dans la prononciation de toutes les voyelles ! Et que de modifications dans ces finales si caractéristiques que l'Autrichien s'est créées, que le dictionnaire de l'Allemagne n'a jamais reconnues, mais que la critique tenterait vainement de combattre et qu'elle se garderait bien d'extirper, si même elle en avait le pouvoir ! De fait, elle aurait tort d'en venir à ce point : car sans ces diminutifs il serait impossible au fils de l'Autriche d'exprimer tout ce qu'il y a dans son âme de bonhomie affectueuse, de cordialité joviale, naïvement ingénieuse et hautement poétique.

Ce qui manquera toujours au Bavarois, c'est cet air bon enfant qui rend l'Autrichien si vite sympathique.

Le Bavarois a dans ses manières quelque chose de la rudesse de ces vents froids qui balayent les plaines de son pays et en glacent les hautes montagnes. S'il a plus de jovialité que l'homme du Nord, il est moins souple, moins léger, moins fin que le Prussien ; ses éclats de rire partent comme des pièces de grosse artillerie, et son pas est si lourd qu'il ne semble fait que pour écraser.

XII

LES FÊTES ET LES DIVERTISSEMENTS

Le caractère d'un peuple se revèle dans ses fêtes populaires.

En aucune ville allemande, si ce n'est à Vienne, la Fête-Dieu n'est aussi somptueuse qu'à Munich. Louis Ier avait fait de la procession qui parcourt ce jour-là les rues une sorte de cortège théâtral et artistique. Il y avait introduit des pénitents de toutes couleurs, des chevaliers de Malte, des croisés. Depuis les discussions politiques et religieuses qui agitent l'Allemagne, la fête a perdu une partie de son éclat, mais c'est encore un pittoresque spectacle.

On dresse des arbres verts devant chaque maison; les façades sont décorées de tapis et de guirlandes; des images saintes sont exposées sur les fenêtres entre des bougies allumées; les rues sont recouvertes d'un parquet et jonchées de fleurs. La troupe fait la haie. Les cuirassiers, sur leur haute monture, sabre au poing, s'échelonnent devant le palais du roi. Les cloches sonnent à toute volée, le canon tonne, la musique éclate. En tête du cortège s'avancent les différents corps de métiers avec leurs insignes et leurs bannières. Voici d'abord les drapiers en costume du seizième siècle, puis les tanneurs, les cordonniers, les brasseurs, les tailleurs, les ramoneurs, les tonneliers, etc. Ils sont suivis des élèves de toutes les écoles de la ville : les petites filles en robe blanche avec des nœuds roses; les petits garçons en noir avec des gants blancs. Puis viennent les congrégations, les membres des diverses confréries, en chapeaux et manteaux de pèlerins; les sœurs de charité, les internes des hôpitaux, les capucins avec leur croix colossale, les franciscains et les dominicains. Le clergé des paroisses de Munich et les chantres de la chapelle royale précèdent l'archevêque qui s'avance sous un dais, avec un ostensoir d'or étincelant de pierreries. Immédiatement après lui marchent le roi, les princes royaux, les ministres, les employés supérieurs, les professeurs universitaires dans leur longue robe de docteur, le conseil municipal, etc. La foule suit, tête nue, en priant et en chantant.

Quatre reposoirs s'élèvent sur le parcours de la procession.

Sur son passage, tout le monde est tenu de se découvrir et de fléchir le genou, sous peine d'amende.

La fête des Morts (*Allerseelenfest*) se célèbre d'une manière toute particulière en Bavière. Dans les villages, la veille au soir, dès que les cloches ont commencé de sonner, les enfants improvisent un petit autel devant la porte des maisons; ils placent sur une planche, recouverte d'une serviette, un crucifix ou une madone entre deux bougies, avec un plat ou une soucoupe devant. Ceux qui passent sont tenus d'y déposer un kreutzer, qui sert à payer le pain qu'on mange le lendemain en souvenir des âmes, en récitant un *Pater* pour elles. Ces petits pains sont de formes diverses; ils sont faits avec du froment; on les mange chauds, et l'on y met du safran pour figurer les flammes du purgatoire.

Dans les villages voisins du Tyrol, on fabrique des gâteaux spéciaux pour les âmes elles-mêmes. D'après les croyances populaires, les âmes du purgatoire obtiennent la permission de venir sur la terre oublier leurs tourments, la nuit de la Toussaint. Aussi a-t-on soin de laisser les portes ouvertes et de ne pas fermer trop brusquement les fenêtres, afin de ne pas effrayer les pauvres petites âmes qui voltigent autour de la maison. A côté des gâteaux on met un bol de lait, « pour qu'elles puissent se rafraîchir ». On croit également que, cette nuit-là, les âmes assistent à la messe célébrée dans l'église paroissiale.

Dans la basse Bavière, on entasse, en croix, des bottes de paille sur les tombes, et à minuit, après avoir bien bu, bien mangé et souvent bien dansé, on revient au cimetière y mettre le feu.

A Munich, les tombes sont recouvertes de nappes, ou de draps de lit sur lesquels on dresse de véritables autels, avec des vases de fleurs, des rangées de bougies, des images saintes, des reliques, des médailles; on y étale même des bijoux; on y apporte tout ce qui peut écarter les pensées sombres. La mort est dépouillée de son caractère lugubre; ce n'est pas cette chose épouvantable qu'on ne peut regarder fixement, comme dit La Rochefoucauld; ce n'est pas non plus le squelette ricaneur de la danse macabre, faisant « siffler sa faux et claquer ses ossements », ni le crâne jauni sur lequel les anachorètes méditent au fond de leur grotte. La Mort est ici sereine et souriante; on dirait une jeune femme sous une couronne de fiancée.

Le cercueil prend l'aspect d'une barque pleine de fleurs, où entrent les passagers du fleuve de la Mort. Ils quittent les rives de la vie au chant du *Gaudeamus*, et non aux accents déchirants du *Miserere*. L'expression allemande indique bien ce départ, qui n'a rien de douloureux ni de terrible ; à Munich, on ne dit pas : « il est mort, » *er ist gestorben*, mais : « il est rentré chez lui, » *er ist Heim gegangen*[1]. La vie est un voyage, une table à laquelle on s'assied pendant quelques jours, et non un lieu d'expiation. Cette interprétation de l'idée de la mort se retrouve dans toutes les inscriptions tombales.

Ici, ce sont des parents qui s'adressent à leur fils, parti avant eux ; écoutez comme ils lui parlent :

Im Grab ist Ruhe, im Leben Schmerz,
O! schlummere sanft, du liebes Herz!

Mourir, c'est le repos, et vivre c'est souffrir.
Sommeille doucement, ô petit cœur aimé!

Là, c'est l'enfant mort lui-même qui dit à ses parents :

Hier ruhe ich im Rosengarten,
Will auf meine Eltern warten.
Liebe Eltern, seid getröst,
Ich ruhe hier aufs allerbest.

Je repose dans le jardin des roses ;
C'est vous que j'y attends, mes chers parents ;
Dormir est bien la plus douce des choses ;
Ici, je dors tranquille, ô chers parents!

Le cimetière s'appelle le *Friedhof*, c'est-à-dire le

1. On sait à peine ce que c'est que le deuil. Il ne m'est pas arrivé, pendant les deux séjours que j'ai faits à Munich, de rencontrer une personne en deuil.

champ du repos, et c'est, comme en Orient, un jardin embaumé de fleurs et égayé de chants d'oiseaux.

Le cadavre lui-même est arraché aux affreuses réalités de la mort. On le transporte immédiatement dans le *Todtenkammer* (chambre mortuaire) du cimetière. Cette translation a lieu sans cérémonie ; le prêtre et quelques croque-morts accompagnent seuls le char funèbre. Dans le *Todtenkammer*, décoré à peu près comme une chapelle, le cercueil reste ouvert, et les parents et les amis s'empressent de venir le couvrir de fleurs. Après l'enterrement, la famille du défunt remercie par l'intermédiaire des journaux ceux qui ont apporté des bouquets.

Le corps, revêtu de ses vêtements de fête, reste exposé pendant deux jours.

La levée du corps se fait en présence des parents et des amis, puis on se rend processionnellement jusqu'à la fosse, au bord de laquelle le prêtre prononce non des paroles de regret, mais de consolante espérance.

De toutes les fêtes, la plus belle est celle de Noël.

Noël, la fête bénie des petits et des grands ; Noël, dont la pâle étoile dans ce ciel froid du Nord brille d'un éclat si doux.

Cette fête est restée celle de la famille ; c'est la fête des cœurs, c'est le grand banquet où tout le monde trouve sa place, riches et pauvres, jeunes et vieux. Aussi, quelle transformation dans la capitale !

Les rues s'animent et étincellent de lumières. Des forêts de sapins couvrent la *Karlsplatz* et balancent comme dans les contes de fées leurs rameaux chargés de fruits d'or et de fleurs lumineuses.

Partout des boutiques s'improvisent où l'on vend des petits moutons en sucre, des canards en chocolat, des montres à six kreutzers, des poupées, des jouets et des soldats de Nuremberg; dans les grands magasins, l'article dit de Paris tient la première place et proclame la supériorité de l'élégance et du bon goût français. M. J. Gernert, dans la *Rosentrasse*, ne manque jamais d'annoncer qu'il est allé lui-même (*persœnlinch*) faire son choix et ses achats dans les meilleures fabriques de l'étranger. Aux étalages des marchands de comestibles, — de *délicatesses*, pour employer le terme allemand, — les regards émerveillés s'arrêtent avec complaisance sur les dindes à la poitrine marbrée de truffes, sur les saumons du Danube, sur les saucisses de Strasbourg et les jambons du cru, couronnés de lauriers comme des généraux prussiens.

Le soir de Noël, on soupe en famille; puis à la fin du repas on illumine l'arbre resté caché derrière un rideau ou dans la chambre voisine.

Ce sapin arraché à la forêt, vert comme l'espérance, vigoureux comme la jeunesse, est un vivant symbole.

Et comme cette mise en scène, ces petites bougies qui scintillent à travers les branches, ces anges suspendus par un fil invisible et annonçant la bonne nouvelle, ce *Christkindel* couché sur un peu de mousse et qui apporte de si jolis jouets aux enfants de bonne volonté, comme tout cela est moins prosaïque et moins froid que les sacs de bonbons que nous distribuons solennellement au nouvel an! Demandez à une Parisienne de six ans qui lui a apporté sa poupée : elle vous donnera l'adresse du magasin et vous dira ce qu'elle vaut.

En écrivant ces lignes, il me semble revoir encore, de ma fenêtre, mes voisins de la Karlstrasse groupés autour de l'arbre de Noël. Les tout petits ouvrent de grands yeux étonnés, et, derrière, les frères aînés et les sœurs se tiennent graves et recueillis, tandis que les parents et les grands-parents, à demi noyés dans l'ombre, sourient doucement et se sentent revivre dans leur jeune famille. On procède à la distribution des cadeaux. Pas de futilités : des objets utiles, pratiques. Aux filles, des robes, des paniers à ouvrage, des albums de dessin et de musique ; aux garçons, des vêtements, des livres, un abonnement à un journal illustré ou à une revue.

Il y a en Allemagne, comme en Angleterre, toute une littérature de Noël. On a fait en France, depuis quelques années, de grands efforts pour créer aussi une littérature de l'enfance et de la jeunesse ; mais les Allemands n'en restent pas moins maîtres dans cette spécialité. Leur langue s'y prête-t-elle mieux que la nôtre ? Je ne le crois pas. Seulement ils ont conservé la manière naïve et bonhomme que nous paraissons avoir perdue. Et puis il faut dire que la jeunesse a l'esprit plus sérieux. Quel est celui de nos collégiens de quinze ans qui a lu nos grandes épopées nationales ? En Allemagne, les élèves des écoles primaires savent les *Niebelungen* par cœur. Un poète rhénan, M. Karl Simrock, s'en est fait le vulgarisateur. Il ne s'est pas borné au *Niebelungenlied*, il a publié successivement les poèmes patriotiques de Wolfram von Eschenbach, Walther von Vogelweide ; il a germanisé jusqu'aux Eddas scandinaves. En France, où le sentiment national a tant besoin d'être éveillé, pourquoi ne met-on pas à profit cet exemple ?

Les aventures du *Petit Poucet* et les *Voyages extraordinaires* de M. Verne sont certainement fort intéressants ; mais à tous ces grands faits au fond des mers ou au plus haut des airs, je préférerais ceux des héros de l'histoire de France. Il faut de bonne heure inculquer à l'enfance et à la jeunesse l'amour de la patrie. C'est ce que l'Allemagne a compris longtemps avant nous, peut-être parce qu'elle a été plus éprouvée et plus malheureuse que la France.

Sa littérature pour la jeunesse est avant tout une littérature nationale et patriotique.

A Berlin, où l'on cultive plusieurs variétés de haine, on ne se contente pas du livre et de l'image, il faut encore le joujou de combat. C'est par les yeux plus que par les oreilles qu'on arrive à l'âme, a dit Horace. Les gamins des bords de la Sprée courent les rues en portant des pantins de carton suspendus à une perche, et qui représentent des zouaves et des soldats français. « Achetez mes Français ! Un Français tout entier pour un groschen ! »

En carnaval, on voit les pauvres porter leur matelas au mont-de-piété afin de pouvoir aller au bal masqué ; après la valse, ils quittent leur danseuse et viennent demander l'aumône aux curieux. Les mendiants vous assiègent jusque chez vous toute l'année. Aussi les Munichois, qui aiment la charité bien ordonnée, placent-ils sur leur porte une plaque avec cette inscription : « *Haussiren ist verboten. Mitglied der Armen-Verein.* » (Le vagabondage est interdit. Membre de la société pour les pauvres.) On achète le droit de mettre cette inscription protectrice à sa porte, moyennant une redevance annuelle à l'*Armen-Verein*.

Les fêtes du mois d'octobre sont des ripailles nationales qui durent six jours et six nuits.

On y boit les premières chopes de la bière d'hiver, *Winterbier*. Poussée par la soif, la Bavière se lève comme un seul homme et descend sur la *Theresienwiese*, décorée de mâts et de drapeaux, encombrée de boutiques et de baraques.

C'est un tohu-bohu assourdissant, une mêlée indescriptible, comme une nation tout entière, hommes, vieillards, femmes, enfants, qui descendrait la Courtille.

Les éclats de grosse caisse sont étouffés par les éclats de grosse joie.

Des cuisines en plein vent se rencontrent à chaque pas.

Les marchands et les marchandes de cervelas et de *schweitz kæse* (fromage suisse) sont assez riches, à la fin de ces journées, pour jouer à la Bourse. D'habitude, le roi et la cour ouvrent la fête.

Le premier jour est consacré aux courses.

Le lundi, les tireurs d'arbalète débouchent sur la *Theresienwiese,* précédés de musiciens au justaucorps de velours, au chapeau à plumes et aux culottes bouffantes. Des pages portent sur des coussins de velours les médailles d'or destinées aux tireurs.

Le mardi, on mange et l'on boit ; le mercredi, on boit et l'on mange ; le jeudi, on mange ; le vendredi, on boit, et le samedi, toute la Bavière est ivre.

On a calculé qu'à la dernière fête il y a eu 60,000 visiteurs ; on a bu 900,000 litres de bière par jour et on a consommé 200,000 petites saucisses bouillies. Il s'est vendu jusqu'à 20,000 oies par jour. On a vu arriver un seul propriétaire de ces utiles volailles auxquelles nous devons les terrines de Strasbourg, avec 1,200 de ses élèves : une procession d'un quart de lieue.

La statue colossale de la Bavaria, qui domine la *Theresienwiese,* élève sa main en agitant une couronne, comme pour proclamer que les buveurs ont bien mérité de la patrie. La Bavaria a 66 pieds de haut. Six personnes peuvent s'asseoir dans ses narines ornées de canapés de bronze.

Quand on sort sa tête de la prunelle de la Bavaria, on a

une vue fort étendue sur Munich, dont les tours d'églises ont toutes la forme d'une cruche à bière.

Derrière cette statue se trouve la *Ruhmshalle,* qu'il ne faut pas prendre pour un débit de rhum ; en allemand, la liqueur chère à M. de Bismarck veut dire *gloire.*

La *Ruhmshalle* est une espèce de Panthéon, où sont conservés les bustes en plâtre de tous les Bavarois qui ont illustré leur pays.

XI

LES CHATEAUX DU ROI DE BAVIÈRE

« Il y avait une fois un roi de Bavière qui avait six châteaux... » Les Grimm de l'avenir commenceront ainsi leurs nouveaux contes d'Allemagne, et les châteaux du roi Louis II seront plus amusants que le château de la Belle au bois dormant et même que ceux du roi de Bohême, qui en avait sept.

A Munich, le roi a deux châteaux. Le nouveau château donne sur la place Maximilien : c'est une construction carrée, plus grande que grandiose, qui rappelle vaguement le palais Pitti, à Florence. L'ancien château se prolonge jusqu'à la place de l'Odéon. Quatre lions d'airain tenant des boucliers gardent les deux portails. Au-dessus, dans une niche, une statue de la Vierge, patronne de la Bavière. Dans le passage à triple voûte qui relie la cour de la chapelle à la cour des puits, on voit une énorme pierre, attachée à un crochet de fer : elle pèse 364 livres. Le duc Christophe-Albert II la soulevait et la lançait comme une balle. A côté de cette pierre, on remarque trois clous plantés dans le mur, les uns au-dessus des autres : ils indiquent la hauteur que les ducs Christophe, Conrad et Philippe atteignaient en sautant : le premier clou est à 12 pieds du sol, le second à 9 pieds, et le troisième à 8 pieds. Des rimes en vieil allemand gravées sur une table commémorative racontent ces prouesses à la postérité.

L'aile du nouveau palais, qui n'a pas moins de 800 pieds de long, et qui donne sur le jardin royal, s'appelle en allemand *Saalbau der Residenz*, l'édifice des salles de la résidence. C'est là que se trouvent les six salles d'Ulysse, d'après les dessins de Schwanthaler ; la salle de Charlemagne, d'après les esquisses de Schnorr ; la salle de Frédéric Barberousse, dont les six peintures murales ont été exécutées par Schnorr, Jæger et Geissmann ; la salle de Rodolphe de Habsbourg, la salle des Batailles, la salle du Trône et le cabinet des Beautés.

Louis II a fait de la terrasse du *Saalbau* son château et son palais. On a construit là, d'après ses plans et ses dessins, des appartements dans le style rococo le plus extravagant, et un jardin auprès duquel ceux de Sémiramis n'auraient été que de vulgaires potagers. C'est dans ce jardin féerique, où toutes les fleurs des pays du soleil chantent une symphonie de parfums, que le roi passe les journées d'hiver, si tristes et si mélancoliques sur les bords de l'Isar.

En entrant on en croit à peine ses yeux.

Le valet de chambre qui vous conduit et qui a enfreint la plus sévère des consignes vous semble un infernal magicien, un sorcier, un enchanteur.

A droite, s'élève un rocher couvert de mousse, sur lequel rampent, comme d'énormes serpents hérissés de dards, des cactus et des orchidées. Dans le fond, qui représente un paysage indien, avec de grands bambous grêles, des bananiers aux larges feuilles, on aperçoit une cascade qui roule ses flots d'opale avec un bruit musical et argentin. Quand on approche du rocher, on découvre sous une draperie de lierre l'entrée d'une caverne qui conduit à la chute d'eau. A mesure qu'on avance, les parois du souterrain s'élargissent, et à travers l'ombre vaporeuse et bleuâtre qui le remplit, scintillent, comme des gouttes de lumière, des pierreries, des diamants et des stalactites d'or.

Laissons la cascade à droite et dirigeons-nous à gauche. Nous arrivons par une allée de palmiers à un pavillon mauresque dont la coupole bulbeuse monte jusqu'au vitrail cintré de la serre. Une portière de soie bleue ferme ce kiosque où l'on goûte un recueillement religieux, comme dans une chapelle. Les fenêtres, en forme de trèfle, tamisent un jour délicat, et un lustre de cristal projette au milieu de ce sanctuaire le jeu de ses couleurs. Des divans courent le long des murs. Au milieu, sur une table de lapis-lazuli, se dresse un narguilé au long tuyau orné de perles. Ce pavillon s'appelle le « kiosque des Délices ». Louis II n'en franchit le seuil qu'habillé en Turc. Il monte le piano mécanique qui est caché derrière un rideau, allume son narguilé, s'étend sur un divan, et passe des après-midi entières au milieu des nuages du tabac et des mélodies de son orchestre à remontoir.

Du pavillon mauresque une quantité de sentiers mystérieux et odorants, avec des reposoirs capitonnés de satin, des charmilles au fond desquelles sont accroupis des sphinx, conduisent aux rivages enchantés d'un petit lac, bleu et limpide comme un fragment de ciel oriental, et qui semble rêver de sa patrie sous la coupole immobile des palmiers[1]. Il faudrait le crayon de Doré pour rendre ce merveilleux décor. C'est une vision splendide, un coin de paradis. Des montagnes obéissantes, des falaises aimables encadrent ce verre d'eau dans lequel s'ébattent des poissons rouges, sur lequel nagent de jolis canards cochinchinois, et qui reflète la lueur étudiée d'un clair de lune éternel. Cependant, au moyen d'une habile machinerie, le ciel étoilé peut se couvrir à volonté d'épais nuages ; les éclairs brillent, le tonnerre éclate, et le lac, battu par la tempête, se révolte contre ses rives. Le roi, costumé en Guillaume Tell, détache alors la barque amarrée à un arbre du rivage, et s'élance sur la tête des flots courroucés.

Il s'est fait photographier dans un de ces moments pathétiques ; c'est un véritable tableau.

On raconte qu'un jour Louis II demanda à une des premières artistes de l'Opéra de venir lui chanter la ballade du roi de Thulé sur son lac suspendu. Lorsque la chanteuse arriva au second couplet, le roi pressa le bouton de la sonnerie électrique qui le met en communication avec son machiniste : aussitôt la foudre gronda, le lac souleva des vagues tumultueuses et la nacelle faillit chavirer.

Une chaumière indienne orne l'extrémité du lac. L'intérieur en est garni de flèches, de tomahawks, de lances et d'ustensiles de pêche.

Une forêt d'arbres exotiques, peuplés de perroquets dressés à la prononciation respectueuse du nom de Sa Majesté, sépare le lac d'une chaîne de montagnes en ciment, construites sur le modèle de l'Himalaya. La décoration du dernier plan représente un lac des tropiques,

1. Le lac a 50 pieds de large et 70 de long.

avec des îles pleines de floraisons gigantesques et d'oiseaux extraordinaires.

Le château de Berg, sur les bords du joli lac de Starnberg, près de Munich, n'est pas moins fantastique. Le roi l'habite les trois quarts de l'année; c'est sa retraite de prédilection.

Si, à Munich, Louis II a son jardin d'hiver, à Berg il a son jardin ou plutôt son île des Roses. Nous nous trouvons encore ici en plein Orient, dans le royaume d'un calife-poète comme celui de Bagdad, mais sans Schéhérazade. On y voit toutes les roses que le Ciel a créées et que les horticulteurs ont perfectionnées, depuis la rose sauvage qui ressemble aux lèvres d'un enfant jusqu'à la rose qui ressemble au sourire d'une reine. Ces fleurs enveloppent le château d'une atmosphère de parfums, et elles aident le jeune prince à voir tout en rose.

La cabane de pêcheur qui se trouvait autrefois dans cette petite île a été remplacée par un chalet suisse. Le roi y a installé un piano, et, par les belles nuits d'été, les barques qui passent l'entendent jouer des fragments du *Lohengrin* ou du *Tannhauser*.

Le peuple a donné au château de Berg le nom de *château magique*. Je n'ai pas essayé d'y pénétrer, pour la bonne raison que toute tentative eût été inutile. Les dragons des Hespérides étaient moins farouches que les sentinelles qui gardent les avenues de ce castel. On dit que la machinerie et les trucs y tiennent une grande place. On parle d'un pavillon mauresque dans lequel le jeune Almanzor passe souvent la nuit, entouré de lampes d'albâtre et de cassolettes de parfums.

Le château reste toujours plongé dans le plus profond silence. Jamais une visite. Même à l'heure des repas, il n'y a pas ce joyeux bruit de vaisselle qui indique la présence du maître. Le roi dîne seul; il est sobre comme un anachorète; il a horreur de la vie matérielle.

Avant son dîner, il fait ordinairement le tour du lac à cheval, suivi d'un simple écuyer. Il s'arrête quelquefois à l'entrée du village d'Amerland, chez un pauvre cordonnier. Il boit un verre d'eau, laisse un florin et remonte à cheval. Il est défendu sous peine d'amende de s'introduire dans les chemins spécialement réservés au roi. Un jour, Sa Majesté y rencontra un grand gars, à la tournure montagnarde, qui s'y promenait sans façon. Le roi l'arrête et lui demande qui il est :

— Je suis de la Suisse, répondit-il ; j'étudie à l'université de Munich.

— Ah ! vous êtes Suisse, fit le roi d'un air bienveillant; vous devez savoir par cœur *Guillaume Tell* de Schiller?

— Je pourrais vous en réciter des actes entiers.

— C'est à merveille ! Je suis heureux de cette rencontre. Venez avec moi au château, nous jouerons *Guillaume Tell*.

— Mais, Monsieur, le château est au roi...

— Ça ne fait rien. Je suis l'ami le plus intime du roi..... Venez..... Vous verrez qu'on nous laissera entrer.

— Essayons, Monsieur, puisque vous le voulez.

Ils se mirent en marche.

— Vous plaisez-vous à Munich?

— Non. La ville est ennuyeuse, et ce qui le prouve, c'est que le roi n'y est jamais...

— Et que dit-on du roi?

— On dit qu'il est au fond bien bon enfant.

Louis II ne put s'empêcher de sourire.

— Vous ne l'avez jamais vu?

— Jamais, je suis républicain, Monsieur... On assure que le roi est très beau et très bon.

— Voulez-vous dîner avec lui ?

— Mais, ah ! çà, est-ce que vous vous moquez de moi ?

— Pas du tout, puisque je vous invite...

— Alors... Monsieur, ah ! pardon... sire... vous êtes peut-être le roi ?

— Vous l'avez dit ; et vous êtes mon prisonnier.

Ils étaient arrivés au château : les factionnaires portaient les armes.

Après le dîner, le roi joua sur son piano l'ouverture de *Guillaume Tell,* puis il se fit déclamer par l'étudiant les plus belles scènes de la tragédie de Schiller.

Le lendemain, on recommença. Le roi donna cette fois la réplique.

Au bout du troisième jour, il renvoya son hôte en voiture jusqu'à Munich, et lui fit remettre peu de temps après une montre en or, avec la scène du Grutli gravée sur la boîte.

Un aut rechâteau de Louis II, le château de Lindenhof, est situé dans la montagne.

Dans la diligence qui me conduisait à Hohenschwangau, un tailleur et sa femme me racontèrent qu'ils avaient voulu essayer d'y pénétrer, mais que le *kastelan* (portier) leur avait répondu : « C'est impossible ; Sa Majesté craint toujours qu'il n'y ait quelque journaliste, et elle ne veut pas qu'ils parlent de ses châteaux. »

Le castel de Hohenschwangau est pittoresquement perché sur une pointe de rocher. Tout autour, de hautes montagnes recouvertes d'austères forêts de sapins, et au pied un lac romantique, peuplé de cygnes. Le roi les attelle à une barque dorée, en forme de conque, et se fait promener pendant que des chanteurs, groupés sur la rive, exécutent des fragments du *Lohengrin*, et que la lune éclaire de ses pâles rayons la course fantastique de cerfs empaillés, qui marchent au moyen d'un mécanisme dans le ventre.

Lors de la dernière éruption du Vésuve, il en fut jaloux et voulut aussi avoir la sienne. Il appela à Hohenschwangau les deux professeurs de géologie de l'université de Munich, et leur commanda un volcan. Ils se mirent immédiatement à l'œuvre : on creusa une montagne et on la remplit de poudre, de soufre, de pétrole, de houille. Le spectacle fut grandiose. Les pompes accoururent de dix lieues à la ronde. On croyait que le château du roi avait été miné par les Prussiens et qu'il sautait.

Sur le lac de Hohenschwangau, le roi a voulu aussi des tempêtes. On a construit une énorme machine, garnie d'énormes roues qui soulèvent des vagues énormes avec un fracas épouvantable.

Les domestiques du château doivent être musiciens. Ils forment une sorte de fanfare qui est tenue de jouer chaque soir à minuit, tandis que le roi, penché sur les créneaux de sa tour gothique, rêve aux étoiles.

Un des biographes de Louis II rapporte qu'une fois il passa tout l'hiver dans la solitude à Hohenschwangau. Il fit élever au milieu de la vallée une tour en bois, avec une galerie extérieure. On était au mois de février. Le vent chassait la neige en épais tourbillons. Le roi monta sur la tour, ses musiciens se rangèrent sur la galerie, et on amena tous ses chevaux au nombre de trente, qui n'avaient été nourris que d'avoine pendant quinze jours. A un signal convenu, les musiciens tirèrent de leurs trompettes des sons de jugement dernier, la machine à tempêtes fonctionna au bord du lac, et tous les canons du château partirent à la fois. Les chevaux, épouvantés, brisèrent leurs liens ; la crinière hérissée, poussant des hennissements sauvages, affolés, ils se dispersèrent dans toutes les directions, comme si la foudre fût tombée au milieu d'eux. On en retrouva quelques-uns noyés dans le lac ; des paysans en ramenèrent qu'ils avaient rencontrés errants dans les montagnes.

Qu'il soit dans son château de Berg, de Lindenhof ou de Munich, il est deux choses qui sont absolument indispensables au roi Louis : son piano et son clair de lune.

Sans piano, la journée aurait pour lui la durée d'un siècle ; sans clair de lune, il lui serait impossible de s'endormir.

Des appareils spéciaux, à la lumière électrique, imitant un beau clair de lune, ont été installés dans toutes les chambres à coucher du roi. A Munich, le plafond de la chambre du roi est percé de mille petits trous, derrière lesquels on allume des becs de gaz. Cela représente assez bien un ciel étoilé.

En voyage, le roi se sert d'un clair de lune portatif et économique qui se suspend comme une lampe astrale.

Ce caractère étrange, cette âme d'enfant dans le corps d'un homme, ce roi né pour régner sur un peuple de poètes et de musiciens, ne semble pas fait pour notre siècle de soldats et de force brutale. Louis II eût été un souverain charmant à l'époque des minnesingers et des châtelaines ; aujourd'hui, on ne le comprend plus ; il appartient à la légende, et non pas à l'histoire.

Celui qui s'assied sur un trône n'a pas le droit de s'en servir pour jouer du piano ; car si Orphée revenait, ce n'est plus la lyre qu'il prendrait, c'est un fusil perfectionné.

Je sais bien que, si jamais le roi de Bavière parvient à retrouver le modèle des trompettes de Jéricho, il en armera toutes ses troupes, — mais Berlin est mieux gardé que Jéricho : les murailles qui l'entourent ne sont pas de pierre ; elles sont politiques et morales.

XII

STUTTGARD

Le Wurtemberg touche à la Bavière.

Ce royaume, qui n'est plus aujourd'hui qu'une province prussienne, est encore gouverné par son ancien roi, — un vaincu de 1866, comme le roi de Bavière.

C'est une ville à la physionomie heureuse et gaie que la capitale du Wurtemberg. Tout autour, des collines que le pampre décore ; un splendide horizon de verdure ; des jardins publics avec plus de fleurs que de militaires ; de beaux édifices ; beaucoup d'écoles excellentes ; des rues larges, pleines d'air et de soleil ; un vieux château encore endormi dans le passé ; des maisons gothiques qui ne semblent pas se douter que les anciens fossés sont comblés et les remparts abattus ; une population ouverte, bruyante, peut-être un peu trop amie du plaisir et de la bonne chère ; un souverain qui règne et ne gouverne pas : voilà Stuttgard, et voilà ce qui rend le séjour de cette ville agréable aux étrangers. Il y a en ce moment dans les nouveaux quartiers 3,000 Américains et 2,000 Anglais. C'est la retraite du sage.

Le rêve de tout Wurtembergeois n'est pas de devenir caporal, mais aubergiste. Le roi actuel, propriétaire de deux restaurants et d'un café, est lui-même le premier restaurateur de son royaume.

Avoir un débit de vin ou de bière, un restaurant, une auberge ou un hôtel, un lieu où l'on donne à boire ou à manger, c'est, ici, avoir la considération et la fortune. Le maître d'hôtel chez qui je loge est conseiller d'État et décoré de plusieurs ordres. C'est l'homme le plus influent de la capitale.

Si la valeur guerrière des Souabes ne brille plus aujourd'hui de son ancien éclat, leur réputation de premiers mangeurs de l'empire est restée intacte. Leur appétit n'est pas seulement remarquable, il est effrayant. Ils ne mangent pas, ils engouffrent. « Les Allemands, a déjà dit Montaigne, boivent et mangent quasi également de tout avecque plaisir ; leur fin c'est l'avaller, plus que le gouster. »

Entrez dans un restaurant ou dans une brasserie à n'importe quelle heure de la journée, vous rencontrez des gens attablés devant des montagnes de purée, derrière des remparts de choucroute hérissés de saucisses longues comme de petits canons. Ils boivent la sauce des plats en se pourléchant les lèvres. Ils garnissent leur bœuf de confitures, et croiraient manquer à l'honneur s'ils ne mangeaient pas une galette et une crème à leur dessert. Après quoi ils prennent du café au lait avec des gâteaux, le pousse-café, kummel ou kirsch, puis trois ou quatre chopes de bière de Munich. Quatre heures sonnent, et il est de bon ton de demander de nouveau du café. Ils avaleraient la Jamaïque.

Les dames ont droit de cité dans les établissements publics. Elles se donnent rendez-vous au café comme les

vingt, trente ou quarante. Un jour c'est la *frau ministerialrathin K...* (madame la conseillère ministérielle K...) avec sa fille *fraulein ministerialrathin Zenobie* (mademoiselle la conseillère ministérielle Zénobie), qui fait les honneurs de la table; une autre fois, c'est la *frau hofapothekerin* (madame l'apothicaire de la cour) qui a lancé les invitations. Je vous laisse à penser tout ce qui se débite sur le compte du prochain dans ces réunions appelées *couronnes,* en allemand *krantz,* probablement parce qu'on y tresse des guirlandes de cancans.

Pendant que les dames, la plupart du temps en grande toilette, mangent et boivent, les messieurs fument leur cigare dans la salle voisine en vidant force chopes et carafons.

Le moyen, je vous le demande, qu'un peuple qui digère si bien soit méchant! Il a essayé de résister aux empiétements de la Prusse pendant un an ou deux; mais aujourd'hui, fatigué de son effort, il est retourné à sa bière et à ses jambons, ne s'inquiétant pas plus de M. de Bismarck que du roi Charles.

Le château royal, si vivant naguère, si brillant et si joyeux alors que le souverain se sentait le seul maître de son royaume, que sa puissance était sans partage, qu'il n'était ni le vassal de la Prusse ni le sous-préfet de M. de Bismarck, — ce château a été bâti en 1744, d'après les plans des architectes français Léger, Pierre-Louis-Philippe de la Guêpière et Thouret. Le duc Frédéric fut si heureux de recevoir de Napoléon le titre de roi, qu'il fit immédiatement coiffer le pavillon central d'une immense couronne dorée. On sait que le monarque devint tellement obèse, qu'on fut obligé de pratiquer une échancrure aux tables auxquelles il s'asseyait pour manger. « S. M. le roi de Wurtemberg, disait l'Empereur, arrive toujours à Paris *ventre à terre*. »

En face du château, au milieu du jardin, où la musique militaire joue chaque jour à midi, s'élève une haute colonne de granit, surmontée d'une statue de la Victoire que l'ancien roi appelait la statue de la *Concorde*.

Nous passons, sans nous arrêter, devant le Kœnigsbau, dont la colonnade se déploie au bout de la place comme celle d'un temple grec. C'est là que se trouvent la Bourse et cette suite de magasins qui sont les plus clairs revenus du roi.

Entrons dans le Château-Vieux, l'ancien *Castellum Stuttgardten*, la citadelle, l'aire de l'aigle. De là sont sortis ces comtes de Wurtemberg qui ont fait, à la pointe de leur épée, leur trouée au milieu de cette cohue de princes, de ducs, de seigneurs qui s'agitaient en Allemagne. Hommes énergiques et tenaces, descendants de la fière famille des Guelfes, ces comtes souabes avaient pour eux tout ce qui assure le succès. Ils s'agrandirent au moyen de l'or et du fer Aux croisades, les chroniqueurs nous les montrent entourés de leurs soldats « qui ressemblaient à des géants ». Ce sont eux qui ouvrent la bataille par des provocations et des chants; ils montent les premiers à l'assaut et réclament l'honneur de forcer les passages périlleux. Ils portaient, dit-on, empalés dans leur lance, une demi-douzaine de cadavres ennemis, et fendaient en deux, de haut en bas, les cavaliers arabes. De là ce proverbe : « Le Souabe fait deux Arabes d'un seul. »

Je ne vous décrirai ni la cour du Château-Vieux, formée de trois étages d'arcades finement découpées, ni la salle de tournois, ni l'escalier en colimaçon dans lequel on monte à cheval, ni la statue du comte Éberhard le Barbu, reléguée ici par le roi actuel, et qui ornait précédemment la place de la Résidence. En 1511, à l'occasion du mariage du duc Ulric avec une princesse bavaroise, sept mille invités trouvèrent place dans ce vaste édifice. On réquisitionna, pour servir tout ce monde, huit cents des plus beaux jeunes gens et des plus belles jeunes filles du pays, qu'on habilla de drap rouge et jaune. Le menu de ces noces de Gamache est enregistré par les historiens wurtembergeois avec l'orgueil d'un bulletin de victoire; on mangea 136 bœufs, 1,800 veaux, 570 chapons, 1,200 poules, 2,759 grives, 11 tonnes de saumons, 90 tonnes de harengs, 120 livres de clous de girofle, 40 livres de safran, 200,000 œufs et 3,000 sacs de farine. Il fallut 15,000 tonneaux de vin pour étancher la soif de ces robustes buveurs.

Les cuisines royales se trouvent encore au rez-de-chaussée, à l'angle gauche de l'ancien manoir. Au coup de midi, on voit sortir, comme d'une trappe d'opéra, un long convoi de laquais en culottes courtes et en souliers plats, portant d'énormes civières bleu de ciel, qui renferment, sous leur triple cadenas, le dîner de Leurs Majestés. Cette singulière procession traverse la voie publique pour se rendre au palais du roi.

Il y a peu de pays qui aient fourni autant d'hommes distingués que la Souabe. Nous avons vu la maison paternelle du grand Hegel, et le buste qui décore l'entrée de la rue d'Uhland. On sait que Schelling est de Leonberg, Kepler de Weil-la-Ville; Schawb, Morike, deux des poètes lyriques les plus célèbres de l'Allemagne, sont également Wurtembergeois. Haclænder, l'Alexandre Dumas allemand, est de Stuttgard.

En sortant de la cour du Château-Vieux, on a devant soi la cathédrale et la statue de Schiller, œuvre du célèbre sculpteur danois Thorwaldsen. Le poète de *la Cloche* a vu le jour dans le pauvre petit village de Marbach, à quelques lieues de la capitale. Sa maison est aujourd'hui un musée national. On a poussé les choses un peu loin, et certainement cette collection de vieilles culottes rapiécées, de bas de laine troués, de sandales racornies, n'ajoute

La statue de Schiller, à Stuttgard.

rien à la gloire de Schiller. C'est abaisser le génie que de nous le montrer sous ses côtés vulgaires. Le propre fils de Schiller vivait encore il y a quelques années; il était simple garde forestier. On montre, sur les hauteurs qui avoisinent Stuttgard, le chêne sous lequel le poète, âgé de vingt ans, lut à un groupe d'amis son drame des *Brigands,* dont la représentation le fit exiler par le duc Charles. Thorwaldsen a donné à l'émule de Gœthe cette expression triste et pensive qui est si bien le résumé de sa vie, si pleine d'agitations et de tourments.

Mais nous sommes attendus au *Burger Museum;* l'heure s'avance : les petits garçons de sept à douze ans reviennent déjà de l'école, avec leurs sacs militaires et leurs casques à pointe dorée ; ils passent à côté de nous en courant et en conjuguant en français, s'il vous plaît, le verbe *courir,* joignant la démonstration à la règle. Rendons aux Allemands cette justice : leur premier soin est d'apprendre les langues. Il est rare de rencontrer ici un jeune homme qui ne sache pas le français, l'anglais et l'italien. Dans les gares, à la poste, dans les bureaux d'administration, partout l'on parle français. Il se donne chaque hiver, à Stuttgard, des cours publics de littérature française, fréquentés par trois à quatre cents personnes. J'ai entendu, à table d'hôte, des officiers converser de préférence en français ; il est vrai qu'ils buvaient du champagne. A la cour, bien que le roi pense maintenant en prussien, on parle français.

Le *Burger Museum* (Musée des Bourgeois) est au centre de la ville. C'est un beau bâtiment, confortable, bâti d'après un plan qui correspond parfaitement à la destination de l'édifice. Il y a de grands salons pour les bals et les réunions artistiques et littéraires, de vastes salles de lecture, une salle de billard, des salles plus petites pour la causerie. En Allemagne, *Museum* est synonyme de club, de cercle. On y trouve tous les monuments de la littérature française et étrangère, la collection complète des grands journaux et la plupart des revues qui se publient sur les deux continents. En entrant au *Museum,* le Parisien sait ce qui se passe sur le boulevard et dans les coulisses de l'Opéra, l'Anglais est au courant des événements de la Cité, le Russe se trouve à Saint-Pétersbourg sans quitter son fauteuil, l'Américain traverse les mers avec la rapidité de la pensée. On fait le tour du monde en quatre-vingts minutes. Et tout ce qui peut faciliter le voyage, le rendre utile, intéressant, est à portée de la main : cartes générales et spéciales, atlas, mappemondes, dictionnaires, livres de « références », etc. Comme organisation pratique, c'est admirable. Une salle est réservée aux publications nouvelles ; dès le lendemain de son apparition, on trouve là le roman ou la brochure qu'on lit à ce moment à Berlin, à Paris ou à Londres.

La cotisation annuelle du *Burger Museum* est de cent francs. Chacun a la faculté de devenir membre propriétaire. Les étrangers y sont admis gratuitement pendant un mois, sur la simple présentation d'un des membres.

Le Museum possède une villa d'été, aux portes de la ville, où l'on peut mener sa famille et ses amis.

Nous y sommes allés cette après-midi, entre deux rayons de soleil. Partout des bosquets, des berceaux de verdure, des cascades, des ponts rustiques : une véritable Suisse de couvercle de tabatière. Des enfants jouaient dans les allées fleuries ; leurs mères, assises devant la traditionnelle tasse de café au lait, travaillaient à des ouvrages de tapisserie ou à des tricots. Chaque dimanche, il y a concert sur la grande terrasse, et le soir on danse dans le salon, sans apprêts, en toilette simple, comme l'on est venu. Ces réunions sont charmantes.

En nous promenant dans le jardin d'été du *Burger Museum*, nous avons rencontré sous une tonnelle, que le lilas décorait de ses grappes aristocratiques, le célèbre chef du parti radical wurtembergeois, M. Karl Mayer ; il lisait paisiblement un livre de poésies entre sa femme et ses deux filles. M. Karl Mayer, bien qu'il se tienne à l'écart depuis quelques années, n'en est pas moins resté la bête noire des adeptes de toute nuance de la prussification de l'Allemagne du Sud. Il a mérité cette haine, qui l'honore. Exilé en 1849, il est rentré dans son pays en 1864, et, dès son retour, il a pris la direction de l'organe du parti démocratique, le *Beobachter*. Chaque jour sur la brèche, c'est lui qui a le plus vigoureusement combattu les empiétements du parti bismarckien. Au *Nationalverein*, qui demandait l'unification par un coup d'État prussien, il opposa, avec ses amis, le fameux *Volksverein*, encore si puissant à la veille de la dernière guerre.

La conversation roula naturellement sur cette époque de triste mémoire. Aussitôt qu'on sut que la lutte allait s'engager, l'angoisse et la perplexité furent extrêmes dans le Sud. On se demanda, comme en 1866 : « Que devons-nous faire? Faut-il rester neutres? » M. de Bismarck et son parti profitèrent habilement de cette indécision. Ils soufflèrent la peur, et l'on vit déjà les rives du Rhin occupées, la forêt Noire envahie, Stuttgard aux mains des zouaves et des turcos. Le roi Charles, qui se trouvait en Suisse, était revenu en hâte et s'était écrié, à moitié hors de lui, en débarquant à Friedrichshafen : « J'ai toujours été bien avec Napoléon. Rassurez-vous. Il nous ménagera! » Et, dès son arrivée à Stuttgard, ce souverain timide et prudent avait envoyé son argenterie dans les casemates de la forteresse d'Ulm, et s'était mis au lit.

« J'ai vu, nous dit Karl Mayer, mes voisins qui enfouissaient, la nuit, des objets précieux dans leur jardin. Voilà où nous en étions! Dans les campagnes, on était aussi affolé que dans les villes; on se jeta donc dans les bras de la Prusse par peur, uniquement par peur, je ne saurais trop vous le répéter. Le nom prussien haï, exécré, devint quelque chose de si sacré, que nous fûmes, nous autres libéraux, assaillis à coups de pierres dans la rue, pour avoir osé mal parler de M. de Bismarck dans notre journal. La peur redoubla quand on apprit la marche de Bourbaki sur Belfort; beaucoup d'habitants de la forêt Noire abandonnèrent leurs villages. Comment voulez-vous maintenant que tous ces gens, qui voyaient déjà leurs foyers pillés et incendiés, n'aient pas de la reconnaissance envers la Prusse? Ils ne portent sans doute pas M. de Bismarck dans leur cœur, mais ils vous répondent que, s'ils ne sont pas Prussiens, ils sont toutefois les alliés de la Prusse. Aussi, dans le Sud, l'opposition ne sera jamais bien sérieuse.

Le Wurtemberg possède sans conteste les meilleures écoles de l'Allemagne. L'instruction, comme en Suisse, est répandue dans toutes les classes. Causez avec un ouvrier, avec un paysan : l'un et l'autre connaissent la géographie et l'histoire. Chaque hameau de trente familles possède une école. Les parents sont tenus d'y envoyer leurs enfants, de six jusqu'à quatorze ans, sous peine de la prison. Les jeunes gens pauvres qui veulent continuer leurs études jusqu'à dix-huit ou vingt ans fréquentent les écoles du soir et du dimanche.

L'École polytechnique de Stuttgard est citée au nombre des meilleures de l'Europe. Des Américains, des Anglais, des Français, des Italiens et des Russes viennent y suivre les leçons d'esthétique de MM. Fischer et Lubke, auteurs d'ouvrages traduits dans toutes les langues. On donne également, à l'École polytechnique, un cours de littérature française fréquenté par 200 auditeurs.

Moyennant la rétribution de 1 florin 1/2 par trimestre, chacun est admis à suivre les cours qui lui conviennent.

Une particularité peu connue dans cet intéressant pays de Wurtemberg, c'est l'existence de treize villages entièrement français, formés par les émigrés protestants de l'édit de Nantes. Jusqu'en 1830, tous ces villages ont eu des pasteurs et des instituteurs français. Un de mes amis, écrivain de talent, M. Ladevèze, qui a eu l'occasion de visiter le village de Neu-Hengstett, au centre de la forêt Noire, a été frappé de voir combien le type français s'est conservé à travers les âges dans sa pureté primitive. La physionomie ouverte, le regard vif et franc, l'œil généralement noir, ainsi que les cheveux, le teint coloré, révélant une population qui boit du vin et a peu de goût pour la bière; enfin, notre langue encore parlée par les vieillards octogénaires, avec un gentil accent méridional et des expressions du temps, tels sont les traits qui caractérisent encore aujourd'hui ces bonnes gens.

La jeune génération ne parle malheureusement plus français. « Dix-huit de nos jeunes gars, disait à M. Ladevèze un vieillard du nom de Monod, ont fait le siège de Paris : cinq ont été tués à Champigny; tous les autres sont revenus parlant le français, qu'ils ont presque compris de suite à leur arrivée en France. »

Le village de Neu-Hengstett est le seul qui porte un nom germanique; les douze autres villages s'appellent Pinage, Valmont, Peyrouse, Luze, etc.

Parmi les noms de ces réfugiés, arrivés au nombre de 600 familles, en 1698 et 1699, on remarque ceux de Colloumbet, Claparède, Concourde, d'Haisig, d'Artois, d'Indot, d'Estampe, de La Fontaine-Fourmayron, de La Gouille, de L'Abadice, de La Plume, Montesquio, Perdrix, Pis-Vache, Tirebouche, Tourne-Boncœur, Vive-l'Ame, etc.

Ces anciens citoyens français sont estimés dans le pays; ils sont travailleurs, sobres, économes, mais très chatouilleux sur le point d'honneur, ce qui les distingue essentiellement du paysan allemand.

Paysans et paysannes de la forêt Noire.

XIII

LA WILHELMA. — UNE REVUE. — LE NORD ET LE SUD.

Depuis deux jours les journaux ne parlent que des fêtes de Stuttgard. En lisant leurs récits, vous vous imaginez sans doute que nous sommes ici dans une ville en galant appareil, aux rues décorées d'arcs de triomphe, aux fenêtres ornées de guirlandes, aux toits hérissés de drapeaux. Illusion, mon cher ami ! Nous vivons dans la capitale la plus calme, la plus tranquille, la moins pavoisée du continent. On ne cause cependant, dans les salons, dans les cafés et aux tables d'hôte, que du mariage de la grande-duchesse Véra avec le prince Eugène de Wurtemberg. L'indifférence n'est qu'apparente. Ce qui explique l'absence de festons et d'astragales, c'est le caractère intime de ces fêtes de famille. Le public n'est pas censé y prendre part. D'ailleurs tout se passe simplement et économiquement dans cette petite cour, qui se souvient des conseils du feu roi Guillaume : « Faisons d'abord ce qui est utile, et seulement après ce qui est agréable. » Or, à voir Stuttgard aujourd'hui, l'étranger pourrait supposer qu'il y a énormément de choses utiles à faire; mais, pour peu qu'il interroge et qu'il observe, il ne tardera pas à être convaincu que le Wurtemberg est un des pays les plus heureux et les plus prospères de l'Allemagne. Tandis que partout ailleurs on se querelle à propos de dogmes, de religion, ici on ne parle ni de protestants, ni de catholiques.

La liberté, comme le soleil, luit pour tout le monde.

Je ne veux pas vous décrire en détail les fêtes auxquelles je viens d'assister. Les fêtes se ressemblent à peu près toutes, et celles de Paris sont restées sans rivales. Mais ce qui ne se peut voir à Paris, c'est un bal comme celui de la Wilhelma. La Wilhelma est un château féerique, un jardin enchanté comme ceux d'Armide.

Il est situé à une heure de Stuttgard, près de Cannstadt, la riante ville de bains de la vallée du Neckar. Pour s'y rendre, on a le choix des chemins : le railway vous y conduit en dix minutes, une voiture en trois quarts d'heure, et le tramway, qu'on appelle en allemand « le chemin de fer des chevaux », met autant de temps qu'un simple fiacre. La voie destinée spécialement aux voitures traverse dans toute sa longueur le parc royal, qui commence derrière le château. Ce parc est d'une beauté grandiose. Les marronniers, les tilleuls et les chênes qui s'élèvent à droite et à gauche, au milieu d'un fouillis pittoresque de jeune verdure, forment un dôme infini. On se croirait sur la lisière d'une de ces anciennes retraites de la Germanie, où les ancêtres des habitants actuels erraient, la lance au poing et la tête coiffée d'une hure. Cependant, au milieu de ces sombres futaies, sourient de charmants groupes de fleurs; des oiseaux voltigent de branche en branche; parfois, une biche ou un daim effaré s'enfuit dans les mystérieuses profondeurs. Telle est l'ancienne route, le chemin des rêveurs et des poètes. Mais l'homme qui fait partie de l'avant-garde de son siècle le dédaigne, monte en wagon ou prend le tramway. En suivant cette dernière voie, on descend la rue du Neckar, formée d'élégants petits palais aux tourelles gothiques et aux balcons vénitiens. C'est le nouveau quartier et le noble quartier, habité par l'aristocratie de race et l'aristocratie militaire.

A l'extrémité de ce quartier neuf, s'ouvre la première entrée du parc et des jardins de la Wilhelma.

La Wilhelma a mis en travail, pendant de longues années, l'imagination du peuple et des voyageurs. L'entrée en était sévèrement interdite sous l'ancien roi, et l'on se demandait ce que ce vieux souverain pouvait bien faire derrière ces longues murailles, dans ce palais digne d'un calife, au milieu de ces jardins de roses, ombragés de palmiers. On allait même jusqu'à parler de la folie du roi. Sa Majesté mourut ; la consigne fut levée et chacun put, à son aise, se promener dans ce merveilleux jardin et visiter ce splendide palais. On comprit alors combien on avait calomnié ce roi artiste et poète qui, sans quitter sa bonne capitale, avait voulu se transporter tout à la fois à Grenade et à Bagdad.

Quand on pénètre dans ce coin de terre magique, on dirait qu'on a devant soi le palais de quelque roi maure exilé en Occident.

Et quand on franchit le seuil de ces pavillons, la vision continue plus éblouissante, plus extraordinaire. On parcourt une suite de salons meublés à l'orientale, avec des portières en brocart d'or. Un mélange, une profusion de colonnettes, de chapiteaux dorés, monte jusqu'au plafond, mosaïque de fleurs et d'arabesques ingénieusement compliquée. De ces salles merveilleuses, on passe dans des serres d'un luxe et d'une richesse incomparables, peuplées d'oiseaux qui ressemblent eux-mêmes à des fleurs.

Les jardins sont en harmonie parfaite, jusque dans la taille des arbres, avec l'architecture aérienne du palais.

Les parterres imitent par leur arrangement habile les belles étoffes d'Orient, les riches tapis de Perse et de Smyrne. Il ne manque, pour que l'illusion soit complète, qu'un ciel de feu, des esclaves coiffés du turban, au lieu de cette cohue de valets de chambre et de laquais en livrée rouge et à favoris châtains ; il faudrait encore, à la place de ces uhlans qui montent la garde, de fiers cavaliers en burnous, aux étriers d'argent et aux éperons d'or, montés sur des chevaux tigrés comme des léopards et faisant étinceler au soleil leur cimeterre orné de pierreries.

Leurs Majestés ont ouvert le bal, aux sons gaillards du quadrille de la *Fille Angot*, en se trémoussant autant que le leur permettait leur âge vénérable. La grande-duchesse Véra dansait avec une grâce de sylphide. La grande-duchesse Constantin, ruisselante de diamants, ressemblait à une Loreley sortant tout humide des flots. Les dames de la cour étaient en robes de mousseline jaune, verte, rose, de sorte que le mélange de couleurs et d'uniformes donnait au bal quelque chose d'étrange et de fantastique.

Il n'y pas eu de cotillon, mais on a distribué aux danseuses de charmants éventails parisiens, en souvenir de la soirée.

A cinq heures, les musiciens se sont transportés dans le grand pavillon de la terrasse, où le souper était servi.

Les invités ont passé, pour s'y rendre, par une galerie close et chauffée, qu'éclairaient des lampes placées sur des piédestaux de plâtre garnis de lierre. Ils ont traversé ensuite une serre illuminée de verres de couleur, tout

Intérieur du château de Wilhelma.

embaumée de parfums d'orangers, pleine de camélias blancs et roses, d'azalées et de fleurs exotiques.

La reine a pris place dans la première salle, ancien cabinet de travail du roi Guillaume. Le roi est allé s'asseoir dans le salon des tableaux, avec ses officiers. C'est dans cette petite salle que se trouvent deux Decamps qui sont de purs chefs-d'œuvre.

Des tables avaient également été dressées dans la cour mauresque, au centre de laquelle un jet d'eau épanche dans un bassin de marbre une eau parfumée

A minuit et demi, on débouchait la dernière bouteille de vin de Champagne, on buvait la dernière coupe de « Théophile Rœderer » en l'honneur des deux fiancés, et à une heure, on éteignait les quinquets.

Des torches de résine ont été allumées dans le jardin pour le départ, mais il pleuvait à torrents : c'était le ciel qui rappelait les invités à la froide réalité des pays du Nord.

L'empereur de Russie est arrivé le lendemain, il a assisté à la cérémonie du mariage, et une grande revue a été passée en son honneur.

Au coup de onze heures, les cloches de Berg et de Cannstadt sonnent à toute volée ; des acclamations retentissent au loin : l'empereur et le roi, venus en voiture jusqu'aux bords du Neckar, montent à cheval.

Après avoir passé en revue les régiments en ordre de parade, les souverains se portent en avant des places réservées, et assistent au défilé par pelotons. L'infanterie arrive la première, admirable dans sa marche mesurée, la tête haute, le corps droit, la tournure mâle et guerrière. On dirait que tous ces conscrits, à peine depuis deux ans sous les armes, sont de vieux troupiers, bronzés par les batailles. Les dragons bleus, avec leur mousquet à percussion engainé dans la selle, s'avancent, au pas de leurs incomparables chevaux, disciplinés comme leurs cavaliers. Puis, voici les uhlans qui passent, avec les plastrons jaunes ou rouges, le shako à trois étages orné du panache de crin ; la flamme de leur lance flotte au vent. Après eux, l'artillerie et le train se déroulent sur un long parcours.

Le second défilé commence immédiatement. Les troupes sont rangées cette fois sur une vaste surface, par régiments.

Ces dragons défilent au galop, les panaches flottant sur les épaules ; les uhlans bondissent en agitant leurs lances. A l'extrémité de la plaine, l'artillerie disparaît au milieu de grands nuages de poussière.

Ce magnifique spectacle a pour cadre des collines fleuries, des maisons de campagne coquettement cachées derrière des bouquets d'arbres, et des clochers qui émergent d'îles de verdure. A droite se dresse l'église gothique de Berg ; à gauche, Cannstadt est couchée derrière un rideau de lilas, et dans le fond on distingue vaguement la tour du Château-Vieux de Stuttgard.

Et maintenant, avant de quitter l'Allemagne où nous avons promené nos jeunes lecteurs du nord au sud, faisons remarquer qu'entre les Allemands du Sud et les Allemands du Nord la différence est presque aussi grande qu'entre les Italiens et les Anglais. Il y a contraste dans la nature et contraste dans les mœurs, contraste dans la religion, les idées et le caractère. Le Nord a d'autres origines, d'autres traditions, un autre tempérament. Aussi le mariage du Wurtemberg et de la Bavière avec la Prusse, célébré à Versailles en 1871, est-il un mariage de convenances politiques fort mal assorti, et le Wurtemberg et la Bavière, s'ils l'osaient, plaideraient en séparation.

Cassel, qu'on peut prendre pour le point de limite entre les deux zones du Nord et du Sud, est une ville italienne; non seulement Stuttgard est italien d'aspect, mais oriental avec ses jardins merveilleux de la Wilhelma.

L'Allemagne du Nord, comme l'Angleterre, est un pays côtier. Les sables du Brandebourg ressemblent à une prolongation du rivage de la mer, et il y a du pirate dans le Prussien. Son pays est trop pauvre pour le nourrir; il doit forcément prendre ailleurs, envahir ou émigrer.

La guerre est pour lui une industrie.

On sait comment il a traduit la devise : *Ora et labora.* « Prie, travaille,... *et prends.* » Il a pris de tout temps, et il prendra encore, jusqu'à ce que l'Europe mette toute sa gendarmerie à ses trousses.

Dans le Sud, où le sol est fertile, où le vin est abondant, où le houblon et la pomme de terre fleurissent, le peuple n'a pas ces instincts de rapine. Il boit, fume et s'engraisse sans souci.

Le Sud, c'est le ventre.

Le Nord, c'est la tête.

TABLE DES MATIÈRES

SOCIÉTÉ ANONYME D'IMPRIMERIE DE VILLEFRANCHE-DE-ROUERGUE
Jules Bardoux, Directeur.

MÉRITE

MÉRITE

www.ingramcontent.com/pod-product-compliance
Ingram Content Group UK Ltd.
Pitfield, Milton Keynes, MK11 3LW, UK
UKHW021058220726
13924UKWH00005B/2140